한국재가노인복지협회
20년 발자취

한국재가노인복지협회 20년 발자취

발행일	2015년 7월
초 판	1쇄

지은이	한국재가노인복지협회
펴낸이	황재영
편 집	김은진
디자인	박아름
펴낸곳	주식회사 노인연구정보센터

주 소	서울시 마포구 백범로 169-9 국민서관 208호
전 화	070-8274-2100, 02-6385-0841
팩 스	02-701-0840
홈페이지	www.eic2010.co.kr

Copyright ⓒ 주식회사 노인연구정보센터, 2015, Printed in Korea

- 이 책의 내용을 무단 복제하는 것은 저작권법에 의해 금지되어 있습니다.
- 파본이나 잘못된 책은 교환해 드립니다.

ISBN 978-89-97117-32-1   03330

한국재가노인복지협회
20년 발자취

한국재가노인복지협회 지음

발간사

한국재가노인복지협회 20년의 발자취가 담긴 소중한 책을 제가 회장으로 있는 기간 중에 만들게 되어 매우 기쁩니다. 그간 이 책에 거론되어 있는 많은 선배님들의 열정과 봉사 덕분에 2015년을 맞게 되었고 더욱이 그 말미에 이름을 올리게 되어 큰 영광입니다.

짧지 않은 지난 6년간의 협회장 기간은 힘겨운 도전과 많은 과제들이 떠오르던 시기였습니다. 사회복지 전 사업이 중앙정부에서 지방정부로 이양되어 정착되기 시작하면서 재가노인복지사업도 많은 변화를 감내해야 했습니다. 지회마다 지원 규모와 범위가 달라 현장에서는 불만의 소리가 높았고, 노인장기요양보험제도 도입과 함께 돌봄서비스의 시장화라는 거센 물살에 휩쓸려 비틀거리기도 했습니다.
아직도 여기저기 상흔이 남아 있지만 그래도 주위를 둘러보면 다시 힘찬 발걸음을 내딛기 위해 신발끈을 단단히 조이는 모습들이 보여, 한편으로 안도의 한숨을 내쉬게 됩니다.

1권은 연구자들에게 사료로서 도움이 될 수 있도록 정책 위주로 정리하였고 2권은 중앙협회와 지회사업, 인물 중심으로 정리하였습니다.

　모쪼록 어르신을 가족같이 섬기려는 모든 재가노인복지 현장 일꾼들의 진정성과 열정이 이 작은 책자에서 읽혀질 수 있기를 기대합니다. 도와주신 많은 분들께 감사드리고 다음 10년의 성과가 더욱 기대되는 한국재가노인복지협회가 되도록 정진하겠습니다.

2015년 여름
한국재가노인복지협회장
김지영

축사

반갑습니다. 보건복지부장관입니다.

한국재가노인복지협회가 어느덧 20주년을 맞이하여 그 동안의 발자취를 뒤돌아보고 미래를 조망하는 기념집을 발간하게 된 것을 진심으로 축하드립니다.

그동안 한국재가노인복지협회가 노인복지의 중심에 서서 초기 기반을 구축하고 지역사회내에서 노인과 가족이 기능회복과 역할을 수행할 수 있도록 지원하는 중요한 역할을 수행하며 재가노인복지사업의 산 증인이 되어 왔습니다.

우리사회는 저출산·고령화로 인한 노인인구가 급속히 증가하고 있으며, 이는 다양한 문제를 낳고 있습니다. 이러한 문제 해결을 위해 각종 서비스 제공을 통해 지역사회내에서 건강하고 안정된 노후를 보낼 수 있도록 하는 재가노인복지사업이 보다 큰 역할이 요구되고 있습니다.

앞으로도 노인복지의 사각지대를 해소하고, 재가노인의 삶의 질 향

상을 도모할 수 있도록 한국재가노인복지협회에서 최선을 다해 주시기 바라며, 정부도 맞춤형 복지지원을 통한 촘촘한 복지체계를 구축하고 사회안전망을 확충하여 국민 모두가 행복한 삶을 살 수 있도록 노력하겠습니다.

다시 한 번 진심으로 "한국재가노인복지협회 20년의 발자취" 발간을 축하드립니다.
감사합니다.

2015년 7월
보건복지부 장관
문형표

차례

발간사 · 4

축사 · 6

차례 · 8

Chapter 0 한국재가노인복지협회 소개 · · · · · · · · · · 11
역대회장 / 일반현황 / 미션·비전·전략과제 / 주요사업 / 주요연혁
재가노인복지의 노래

Chapter 1 사진으로 보는 한국재가노인복지협회 20년 · · · · 19
한국재가노인복지협회 설립 / 재가노인복지의 새로운 도전
교육훈련 사업 / 권익증진 사업 / 조사연구 사업 / 후원 및 결연사업
세미나 및 토론회 / 해외연수

Chapter 2 한국재가노인복지협회, 태동과 활동 · · · · · · · · · 35
서론 / 연도별 주요 활동내용

Chapter 3 한국재가노인복지협회 역대 회장 인터뷰 ······ 63

제1대 협회장 조기동 / 제2대 협회장 윤동성 / 제3대 협회장 조성철
제4대 협회장 김용년 / 제5대 협회장 조남범 / 제6, 7, 8대 협회장 김지영
재가노인복지연구소 소장 김미혜 / 한국재가노인복지협회 고문 이병만

Chapter 4 재가노인복지연구소 ······ 129

재가노인복지연구소 / 연구회 참가자 / 주요 발간도서

Chapter 5 지회 활동 ······ 135

서울재가노인복지협회 / 부산재가노인복지협회 / 대구재가노인복지협회
인천재가노인복지협회 / 광주재가노인복지협회 / 대전재가노인복지협회
울산재가노인복지협회 / 경기재가노인복지협회 / 강원재가노인복지협회
충북재가노인복지협회 / 충남재가노인복지협회 / 전북재가노인복지협회
전남재가노인복지협회 / 경북재가노인복지협회 / 경남재가노인복지협회
제주재가노인복지협회

Chapter 0

한국재가노인복지협회 소개

역대회장

조 기 동
(1995~1999)

前 한국사회복지사협회 회장
現 한국노인복지회 명예회장

윤 동 성
(1999~2002)

前 순천종합사회복지관 관장
前 전남사회복지사협회 회장

조 성 철
(2002~2005)

前 한국사회복지사협회장
現 경남종합사회복지관 관장
現 한국사회복지공제회 이사장

김 용 년
(2005~2008)

前 한국사회복지사협회 이사
前 서울시사회복지사협회 부회장
前 은파복지사업소 소장
現 우리복지센터장

조 남 범
(2008~2009)

前 마포재가노인복지센터장
前 서울시사회복지협의회 이사
前 한국노인인력개발원장
現 경기도사회복지공제회 대표이사

김 지 영
(2009~현재)

現 강남노인복지센터장
現 한국재가노인복지협회장

일반현황

설립 목적

한국재가노인복지협회는 민법 제32조에 의거하여 재가노인복지사업 및 노인장기요양사업의 합리적이고 발전적인 운영을 위한 정책개발, 조사연구, 교육, 프로그램 개발, 정보교환 및 권익증진 등을 통해 노인복지 발전에 기여하기 위해 설립되었다.

법인 설립일

1995년 11월 29일 보건복지부 사단법인 설립허가

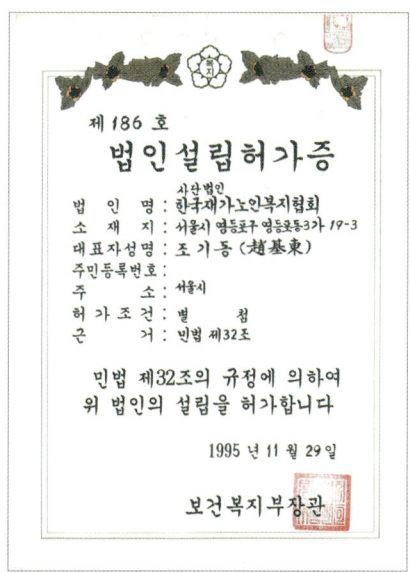

Mission & Vision

미션 (Mission)

가족같은 편안함으로 어르신과 함께하는 지역사회 재가노인복지체계 구축

비전 (Vision)

대한민국 재가노인복지사업과 재가장기요양사업 선도

전략 과제 (Strategic agenda)

재가노인복지사업·노인장기요양사업의 합리적 발전을 위한 연구와 정책과제 개발

재가노인복지시설 직원 전문성향상을 위한 교육과 연구 강화

지역사회 노인에게 전문서비스 제공, 시설 운영 능력 향상을 위한 프로그램 개발

한국재가노인복지협회 회원들의 권익증진

주요사업

교육훈련 사업

재가노인복지시설 및 재가장기요양기관의 시설장, 사회복지사, 요양보호사 등 직원의 전문성 제고를 통해 서비스의 질 향상을 위한 전문교육과 기관 평가에 대비한 재가시설 맞춤형 교육 등을 실시하여 회원기관의 효율적 대응방안을 모색하기 위함이다.

사업 내용
재가노인복지시설 직원 전문화교육, 신규가입시설 교육, 사회복지사 보수교육 등

권익증진 사업

재가노인복지사업의 개념정립 및 발전방향 모색과 유공자 표창, 요양보호사의 날 등을 통해 내부 회원의 단합과 화합을 도모하고 대국민 홍보를 통해 주민과 함께하는 재가노인복지서비스를 구현하기 위함이다.

사업 내용
전국재가노인복지대회, 유공자 표창, 요양보호사의 날(가정봉사원의 날) 등

조사연구 사업

재가노인복지 운영 현황분석 및 평가 등을 통해 재가노인복지사업의 바람직한 방안을 모색하고 이를 토대로 재가노인복지에 대한 정부정책 및 시설운영을 위한 정책개발 기초자료를 생산하여 재가노인복지 발전에 기여하기 위함이다.

사업 내용
재가노인복지연구소 운영, 재가노인복지시설 백서 발간, 재가노인복지 연구지 발간 등

출판홍보 사업

재가노인복지와 관련한 책자 발간 등을 통해 재가노인복지사업의 이해를 돕기 위함이다.

사업 내용
사업 매뉴얼, 사업 관련 해외 사례 및 실천방법 등에 대한 총서 발간

결연 사업

형편이 어렵고 홀로 사는 노인과 지역사회 이웃과의 1:1 결연으로 물질적·정신적·정서적 지원을 통한 이웃사랑의 공감대를 형성하고 독거노인의 사회적 안전망 구축을 도모하기 위함이다.

주요연혁

1990's

91
- 4개 사업기관이 '한국재가노인복지협의회' 발족

92
- 창립총회에서 '한국재가노인복지기관협의회'로 개칭
- 제1회 재가노인복지 세미나 개최

95
- 사단법인 '한국재가노인복지협회'로 보건복지부 인가
- 제1대 조기동 회장 취임

97
- 가정봉사파견사업 10주년 기념식(5.26 가정봉사원의 날 제정)
- '재가노인복지연구위원회' 구성
- 해외 재가노인복지사업 매뉴얼 발간(번역)

99
- 제2대 윤동성 회장 취임
- 재가노인복지시설 운영현황 및 사업실태 조사

2000's

01
- 전국 노인학대예방상담센터 운영
- 『재가노인복지 용어 정의 관련 모음』 발간
- 『재가노인복지연구』 창간호 발행
- 치매노인 신원확인 팔찌사업 시작

02
- 제3대 조성철 회장 취임
- 수발자 교육교재 발간

03
- 노인간호시리즈(1~4) 영상자료 제작

04
- 보건복지부로부터 재가노인결연사업 전담기관 지정

05
- 제4대 김용년 회장 취임
- 재가노인결연사업추진본부 발대식
- 공적노인요양제도대책위원회·재가노인결연사업 대책위원회 구성

06
- 요양보호사 양성 교육교재(120시간 과정) 발간
- 노인체험용품·실습용 마네킹 개발
- 생활의 소리 나눔 캠페인
- 현대제철 전화말벗 봉사활동 협약식
- 신한아름다운카드 독거어르신 난방비 지원 캠페인
- 재가노인복지대회 개최

2000's

07
- 실버축제 한마당 진행
- 노인유사체험 시범사업 진행
- '재가노인복지의 노래' 제작

08
- 제5대 조남범 회장 취임
- 『재가노인복지론』 발간
- 노인장기요양보험제도 설명회 실시
- 노인장기요양보험제도 대책위원회 위촉 및 회의진행

09
- 제6대 김지영 회장 취임
- 전문화교육 진행(시설장, 직원, 요양보호사과정)

2010's

10
- 2010 사회서비스박람회 참가
- 재가노인복지시설 사회복지사 보수교육 진행

11
- 제7대 김지영 회장 연임
- 보건복지부 '재가장기요양급여 활성화를 위한 지역사회 자원연계 방안' 연구용역 수행
- 요양보호사의 날(7월 7일) 시행
- 2011사회서비스 박람회 참여

12
- 노인장기요양보험 공공성 확대 방안 세미나 개최

13
- 재가노인복지시설 직원 전문화교육 '노인인권 감수성 향상 과정' 실시
- 치매특별등급 신설을 대비한 인지재활 프로그램 세미나 실시

14
- 제8대 김지영 회장 연임
- 2014 나라사랑 보금자리 사업 실시
- 보건복지부 노인복지 민간단체 지원사업 '치매노인을 위한 주야간보호시설 프로그램 개발·보급' 실시

재가노인복지의 노래

Chapter 1

사진으로 보는
한국재가노인복지협회 20년

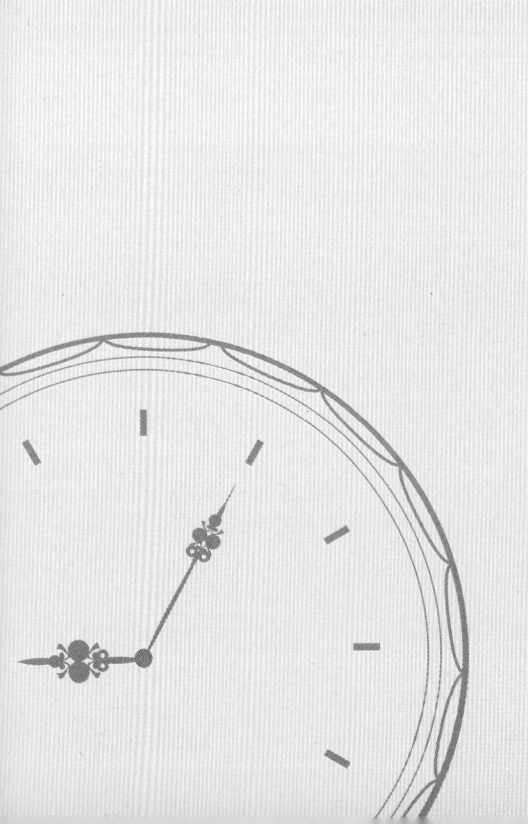

❖ 한국재가노인복지협회 설립

1 한국재가노인복지협회 창립총회(1995)
2 한국재가노인복지협회 정기총회(1997)
3 한국재가노인복지협회 창립 2주년 기념식(1997)
4 한국재가노인복지협회 정기총회(2001)
5 한국재가노인복지협회 정기총회(2003)
6 한국재가노인복지협회 정기총회 및 노인복지정책설명회(2006)

1

2

3

4

5

6

7 한국재가노인복지협회 조남범 회장 이취임식(2008)
8 재가노인복지범위 및 기능재정립 회의(2008)
9 재가노인복지범위 및 기능재정립 연구사업 실무자 워크숍(2008)
10 한국재가노인복지협회 정기총회 및 노인복지정책설명회(2009)
11 한국재가노인복지협회 김지영 회장 취임식 및 토론회(2011)

7

8

9

10

11

❖ 재가노인복지의 새로운 도전

1 한국재가노인복지협회 사무실 이전식(2006)
2 노인장기요양보험 1인 시위(2007)
3 노인장기요양보험 규탄대회(2007)
4 노인장기요양보험 입법예고(안) 개선을 위한 결의대회(2008)
5 메리츠화재와의 업무협약 조인식(2008)
6 2010 사회서비스박람회 참가(2010)
7 대통령 단체표창 수상(2012)

1

2

3

4

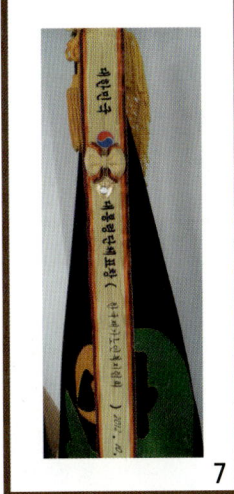
7

5

6

❖ 교육훈련 사업

1 재가노인복지 기관장 및 실무자 1차 교육(1995)
2 재가노인복지 기관장 및 실무자 2차 교육(1995)
3 기관장 및 실무자 합동세미나(1996)
4 기관장 및 사회복지사 워크숍 1차(1996)
5 가정봉사원 교육담당자 워크숍(1997)
6 전국노인학대예방·상담센터 실무자교육(2001)
7 기관장 및 실무자 교육(2001)

1

2

3

4

5

6

7

8 전국노인학대예방 상담센터 교육(2001)
9 유급가정봉사원 보수교육(2003)
10 재가노인복지 종사자 전문화 교육(2003)
11 유급가정봉사원 보수교육(2004)
12 유급가정봉사원 보수교육(2006)
13 재가노인복지시설 직원 전문화교육 시설장 과정(2007)
14 노인장기요양보험제도 설명회(2008)

8

9

10

11

12

13

14

15 재가노인복지시설 전문화교육(2008)
16 노인요양기관 노무관리 실무교육(2008)
17 전문화교육 요양보호사 과정(2009)
18 전문화교육 직원 과정(2009)
19 재가장기요양기관 평가 안내(2009)
20 재가장기요양기관 평가 매뉴얼 교육(2010)
21 재가장기요양기관 평가 매뉴얼 교육(2012)

15

16

17

18

19

20

21

❖ 권익증진 사업

1 가정봉사원파견 10주년 기념식(1997)
2 4회 가정봉사원의 날(2000)
3 5회 가정봉사원의 날(2001)
4 노인의날 기념행사(2005)
5 홍보대사 노인체험(2006)
6 제16회 전국재가노인복지대회(2006, 전북)
7 제17회 전국재가노인복지대회(2007, 부산)

1

2

3

4

5

6

7

7 실버축제 한마당(2007)
8 실버축제 한마당 본선(2007)
9 실버축제 한마당 원주 예선(2007)
10 실버축제 한마당(2007)
11 제18회 전국재가노인복지대회(2008, 충남)
12 재가노인복지시설 공로상 수여식(2008)
13 제19회 전국재가노인복지대회(2009, 대구)

7

8

9

10

11

12

13

14 제20회 전국재가노인복지대회(2010, 서울)
15 제21회 전국재가노인복지대회(2011, 인천)
16 요양보호사의 날 기념식(2012)
17 제22회 전국재가노인복지대회(2012, 경기)
18 제23회 전국재가노인복지대회(2013, 울산)
19 나라사랑보금자리 준공식(2014)
20 제24회 전국재가노인복지대회(2014, 경남)

14

15

16

17

18

19

20

❖ **조사연구 사업**

1 재가노인복지연구소 회의(1997)
2 재가노인복지시설 현황 및 실태 조사 거실(2002)
3 재가노인복지시설 현황 및 실태 조사 물리치료실(2002)
4 재가노인복지시설 현황 및 실태 조사 현관(2002)
5 재가노인복지연구소 회의(2007)
6 재가노인복지연구소 회의(2009)

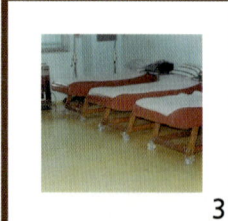

❖ 후원 및 결연사업

1 사회복지공동모금회 노인이동차량 전달식(2003)
2 홀로사는 노인 결연사업 발대식(2005)
3 재가어르신 금강산나들이(2006)
4 EBS 효도우미0700(2007)
5 독거 어르신 난방비 지원_이효리(2011)

1

2

3

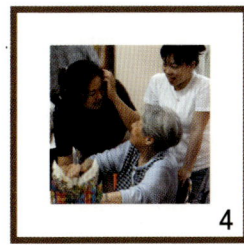
4

5

❖ 세미나 및 토론회

1　제1회 재가노인복지기관 세미나(1992)
2　제2회 재가노인복지기관 세미나(1992)
3　제3회 재가노인복지기관 세미나(1993)
4　제4회 재가노인복지기관 세미나(1994)
5　제6회 재가노인복지기관 세미나(1996)

1

2

3

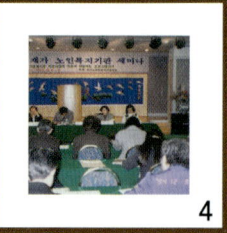
4

5

6 주·단기사업 운영과 관리(1999)
7 제9회 재가노인복지기관 세미나(1999)
8 제10회 재가노인복지기관 세미나(2000)
9 재가노인복지 정책 토론회(2005)
10 재가노인복지 정책 토론회(2006)
11 노인장기요양보험 공공성 확대 방안(2012)

6

7

8

9

10

11

❖ 해외연수

1 해외연수 홍콩_마카오(1996)
2 해외연수 일본(2008)
3 해외연수 일본(2012)
4 해외연수 일본(2013)

1

2

3

4

Chapter 2

한국재가노인복지협회, 태동과 활동

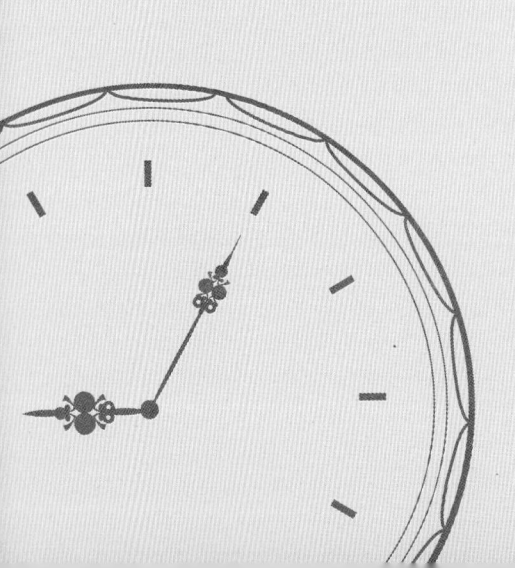

Ⅰ. 서론

한국재가노인복지협회(이하 협회)는 1991년에 가정봉사원파견사업을 중심으로 재가노인복지사업의 효율적인 운영체계 마련을 위해 4개 기관(한국노인복지회, 은천노인상담소, 중부노인종합복지관, 남부노인종합복지관)과 머리를 맞대고 발족한 한국재가노인복지협의회로부터 시작되었다. 1992년에는 주간·단기보호 시범사업 실시와 사업기관 증가에 힘입어 창립총회를 개최하고 한국재가노인복지기관협의회로 개칭하였다.

1993년 노인복지법 개정에 의해 재가노인복지사업이 정책 사업으로 발전함에 따라 1995년 3월 총회에서 본 협회의 사단법인 등록을 의결하였다. 1995년 11월 29일 사단법인 한국재가노인복지협회로 보건복지부 법인설립허가를 받은 이래 재가노인복지사업은 꾸준히 확장되어 오늘날에 이르렀다.

앞서 설명한 바와 같이 협회는 1991년 처음 발족하였으나 4년 뒤인 1995년 민법 제32조에 의거, 보건복지부로부터 사단법인 설립허가를 받았다. 따라서 협회는 법인으로서 공식 출범한 1995년 11월 29일을 협회의 공식적인 창립일로 기념하고 있다. 이후 협회는 20여 년간 재가노인복지사업 및 노인장기요양사업의 합리적이고 발전적인 운영을 위한 정책개발, 조사연구, 교육, 프로그램 개발, 정보교환 및 권익증진 등을 통해 노인복지 발전에 기여해오고 있다.

협회는 지난 2005년『재가노인복지 10년 발자취』를 통해 10년간의 재가노인복지사업 변화에 대해 정리하였다. 이번『재가노인복지협회 20년의 발자취』를 통해 2005년 이후 약 10년 동안의 협회 사업을 정리하면서 대한민국의 재가노인복지 변화 과정 속에서 협회의 역할을 연도별로 살펴보았다.

Ⅱ. 연도별 주요 활동내용

1. 1995~2005년 : 재가노인복지사업 전기 10년

1987년 가정봉사원파견사업 시범실시로 우리나라에 재가노인복지사업이 도입된 이래 1993년 노인복지법 개정으로 재가노인복지사업의 법적 기반이 마련되었고 2015년 '한국재가노인복지협회'가 사단법인으로 발족한지 20년이 지났다.

한국재가노인복지협회는 1991년 정부와 서울시 지원으로 가정봉사원파견사업을 진행 중이던 4개 시설(한국노인복지회, 은천노인상담소, 중부노인종합복지관, 남부노인종합복지관)이 가정봉사원파견사업 발전방향을 모색하고 직원 자질을 향상시키기 위해 발족한 '한국재가노인복지협의회'로 첫 발을 내딛었다. 이듬해 정부지원 시설(한국노인복지회, 우리모두복지재단, 영락경로원, 애광원, 노아복지회, 이일성로원, 현양노인복지사업소, 성예요양원) 8개가 모여 '한국재가노인복지기관협의회'를 창립했고, 1993년 노인복지법 개정이후 재가노인복지사업이 정책에 명문화됨에 따라 1995년 3월 23일 법인설립 창립총회를 열고 11월 29일 법인인가를 받아 정식으로 '사단법인 한국재가노인복지협회'가 출범되었다. 1991년 임의단체로 출발했던 운영주체간 모임이 조직적으로 성장하여 법인체로 발전함에 따라 비로소 명실상부한 재가노인복지사업의 민관 협력체계가 구축되기 시작했다.

1995년 사단법인으로 공식 출범한 협회는 한국노인복지회의 조기동 회장을 초대 회장으로 추대하여 재가노인복지 각종 프로그램 개발은 물론 사업현황 파악, 의견수렴 등의 중요한 역할을 담당하는 세미나와 워크숍을 강화하고, 재가노인복지 분야별 교육을 통해 종사자의 전문성 강화에 힘썼다.

1996년부터는 재가노인복지사업 실무에 적용할 수 있는 교육·교재 개발이 시급하다는 인식 하에 각종 교육 자료와 영상자료를 개발·보급하기 시작하여, 사업의 질적 향상은 물론 가정봉사원교육사업 내실을 다졌다. 이러한 협회의 꾸준한 노력으로 '유급가정봉사원제도'가 도입되었다.

1997년에는 대정부 건의를 통해 가정봉사원 교육에 대한 중요성을 일깨우고, '가정봉사원 교육훈련'이 법정 재가노인복지사업으로 지정되도록 하였다. 이때부터 협회는 한국형 재가노인복지사업모델 개발에 주력하기 시작했다. 특히 1997년 10월 설립된 '재가노인복지연구위원회'는 재가노인복지사업의 연구·조사사업 강화와 세미나, 교육·교재 및 책자 발간 사업을 활발하고 체계적으로 진행하는 데 큰 역할을 담당했다.

1998년과 1999년에 유급가정봉사원에 대한 보수교육의 필요성을 인식하고 유급가정봉사원 합동 보수교육을 진행하였다. 또한 1999년 제2대 윤동성 회장의 취임과 함께 재가노인복지시설 운영 현황 및 사업실태 조사를 통해 증가하는 재가노인복지사업 기관 현황, 사업내용 등을 체계적으로 조사·분석하고 한국형 재가노인복지사업 진행을 위한 '재가노인복지서비스', '영·미 주간보호 운영과 관리', '단기입소와 기능훈련' 등 핸드북 발간을 통해 재가노인복지사업 운영에 도움을 주었다.

이 시기 주목할만한 사업으로는 MBC '높고 깊은사랑', EBS '효도우미 0700'과 같은 방송을 통한 연합모금이다. 협회는 재가노인의 어려움을 적극적으로 알리고 후원 필요성을 개진하여 MBC '높고 깊은사랑' 모금액 중 약 4억7천만원을 132개 기관, 노인 1만237명에게 전달하였고, EBS '효도우미 0700'을 통해 재가어르신 20명에게 약 1억2천만원을 후원하였다. 2000년에는 '높고 깊은사랑'을 통해 84개 기관, 노인 1만580명에게 3억1천만원을 후원하였고, EBS '효도우미 0700'을 통해 2010년까지 11년간 재가노인의 주거환경개선과 생활안정을 위한 모금사업을 진행하였다.

2000년과 2001년에는 그간 전개해온 재가노인복지사업에 대한 대대적인 점검과 조사연구를 진행하여 재가노인복지시설 평가 지표를 개발하였고, 『재가노인복지 용어정의 관련 모음』을 발간하여 한국형 재가노인복지사업 구축을 위한 학문적, 실천적 성과를 서서히 나타내기 시작했다.

또한 2000년부터 2002년까지 약 3년간 공동모금회 지원사업으로 전국 29개 가정봉사원파견사업기관을 거점으로 하는 '노인학대예방상담센터' 사업을 진행하였다. 2000년에는 노인학대에 대한 조사연구사업을 진행하였고, 2001년과 2002년에 지역 거점기관 가정봉사원을 통한 신고상담 건수가 총 84건에 이르는 등 재가노인복지사업의 특성을 이용한, 즉 가정봉사원을 활용하여 노인의 근황을 살피고 노인학대를 발굴하는 형태의 새로운 접근법을 시도하게 되었다. 그러나 2003년부터 모금회 지원 축소 등으로 사업기관이 11개로 축소 되었고, 이후 노인보호전문기관의 설립과 운영이 제도화 되고 국고지원사업이 되면서 초기 가정봉사원을 활용한 노인학대 예방이라는 시범사업의 취지는 정착되지 못했다. 하지만 노인학대에 대한 개념조차 희미하던 시절, 한국재가노인복지협회를 통해 진행된 노인학대예방 상담센터 사업은 지금의 노인보호전문기관의 모태로써 의미가 있다 하겠다.

2002년 취임한 제3대 조성철 회장은 재가노인복지시설 운영안정화를 위한 지원과, 재가노인 대상자의 생활안정 등을 위한 후원사업 확대를 위해 노력했다. 협회는 재가시설의 차량지원 필요성을 적극 피력하고 사업기관 선정 등에 힘쓴 결과, 2003년 11월 공동모금회 복권기금에서 전국 재가시설 184개소에 승합차량 및 이동목욕차량을 지원 받았고, 로또공익재단을 통해 가정봉사원파견사업기관 40개소에 승합차량 지원을 성사시켰다.

2004년에는 보건복지부로부터 불우이웃돕기 결연후원사업 전담기관으로 지정받게 되었다. 이를 통해 재가노인 1:1 결연사업을 실시하였고 로또공익재단, 조선일보와 함께 재가노인결연사업추진본부를 출범하여 오늘까지 이어가고 있다.

2005년 제4대 회장으로 취임한 김용년 회장은 취임과 동시에 '재가노인결연사업추진본부' 출범식을 진행했으며 재가노인결연사업대책위원회를 구성하고 결연사업 전담 직원을 배치하여 재가노인결연사업이 체계적으로 운영될 수 있게 하였다.

이렇듯 한국재가노인복지협회의 전기 10년은 우리나라 재가노인복지시설의 대표 기구이자 사업 운영주체로 활동하였으며, 재가노인의 복지 증진과 회원시설의 권익 신장을 위해 꾸준히 노력하였다.

2. 2006년~2007년 : 공적노인요양보험 도입에 따른 협회의 대응

2000년 3월 '노인장기요양보호정책기획단'이 설치되면서 사회적 논의가 시작되었고, 수많은 논쟁을 거쳐 정부는 2006년에 '수발보험법(안)'을 국회에 제출하였다. 사회보험방식의 노인장기요양법 통과가 예측됨에 따라 협회는 공적노인요양보험 도입에 따른 재가노인복지시설의 대응 방안을 마련하기 위해 주도적으로 활동하였다.

공적노인요양보험 도입은 노인복지사업 패러다임의 대전환으로써, 국가 재정으로 국민기초생활수급자에게 사회·정서적 서비스를 제공해 오던 재가노인복지는 국민 개개인의 보험료로 일반국민에게 정신·신체적 서비스를 제공하게 되었다. 시설 운영 측면에서도 영리를 추구하는 기업형 시설이 진입함으로써 필요한 재정 확보를 위해 시설 상호간 협력보다는 경쟁 체제에 돌입하게 되었다. 이에 따라 협회는 서비스의 질이 담보되지 않으면 도태될 것을 예측하고 회원시설들이 대응할 수 있도록 여러 가지 준비를 하게 되었다. 기존 재가노인복지시설의 경쟁력 강화를 위해 인프라 구축을 최우선 과제로 보고, 기존 가정봉사원 파견·주간보호·단기보호시설 등 단종 시설체제를 2종 이상의 시설을 종합적·복합적으로 운영함으로써 One-Stop Total Service 체제로 정비하기 위한 방안을 정부에 건의하였다.

이에 보건복지부에서는 소규모요양시설, 노인공동생활가정, 농어촌 재가노인복지센터, 재가노인지원센터 등 복합적 서비스가 가능한 시설 형태를 신규 사업으로 하여, 중앙정부와 지방정부가 예산을 절반씩 부담하는 시설 인프라 구축 사업을 진행하게 되었다.

또한 협회는 돌보미바우처제도와 공적노인요양보험체계 도입에 대비하여 노인의 복지증진과, 회원시설 발전을 위한 노인복지법 개정을 통해 재가노인복지기관으로서의 정체성 확립, 인프라 확충 등을 위한 중앙정부의 예산확보, 재가서비스에 대한 적정 수가 개발, 재가노인복지시설 운영모델(시스템) 개발, 16개 시·도지회의 역량강화 등을 주요 사업으로 진행하였으며, 그해 전문화교육을 마련하여 공적노인요양보험체계에 대한 회원의 이해를 높이기 위해 노력했다.

2006년 협회는 제도 변화에 대응하면서 외형적 성장을 이루게 되었다. 사회복지시설 직능단체가 밀집해 있는 마포구 공덕동에 현재의 사무실을 매입하여 안정적인 사무공간을 확보하였다. 또한 협회 창립 때부터 실시하고 있었던 '재가노인복지세미나'를 '전국재가노인복지대회'로 확대·실시하였다. 전국재가노인복지대회는 협회 회원기관 종사자, 공무원, 관계자 등 재가노인복지 관련자들에게 그해의 재가노인복지 이슈 관련 세미나와, 참가자의 여유와 안정을 위한 프로그램을 구성하여 지역 순회 형태로 매년 진행되고 있다. 그 첫 시작으로 2006년에 전라북도 무주에서 제16회 전국재가노인복지대회를 개최하였고, 500여명이 참가하는 등 성황을 이뤘다.

2007년 새해의 시작과 함께 전국 재가노인복지시설 노인들의 여가선용 기회 제공과 지역 간 통합과 시설 간 역량을 강화하고, 지역사회의 재가노인에 대한 부정적 인식 개선을 위해 실버TV와 함께 '실버축제 한마당'을 기획·진행 하였다. '실버축제 한마당'은 시설 재가노인의 여가, 참여활동을 통한 능동적인 사회·심리적응 프로그램으로서 어르신 장기자랑 경연 방식으로 진행되었다. 지역 예선 15회와 연말 결선 총 143개팀, 어르신 622명이 참가하였고, 연 7,200여명이 관람하는 대규모 프로그램이 되었다. 모든 과정은 실버 TV를 통해 방영되었고 지역사회 재가노인에 대한 인식개선과 지역 시설 간 협력과 공동체 의식을 다질 수 있는 계기가 되었다.

또한 협회는 '재가노인복지의 노래'를 제작했다. 이를 위해 노랫말 공모전을 열었지만 아쉽게도 대상작은 나오지 않았다. 이에 김용년 회장이 직접 작사한 것을 이사회에서 승인받고 작곡가 박범준의 곡을 붙임으로써 '재가노인복지의 노래'가 탄생했다. 이 노래는 협회 홈페이지 자료실에서 내려받을 수 있다.

2007년 여름, 가장 큰 이슈는 노인장기요양보험이었다. 보건복지부는 노인장기요양보험법 시행령 및 시행규칙을 입법예고 하였다. 그 내용 중 방문요양 제공시설에서의 사회복지사 배제는 사회복지계 전반에 충격을 주었다. 사회복지계는 방문요양서비스를 제공하는 데 있어서 사례관리를 통한 서비스 질 향상을 위해 이용 어르신 40명당 사회복지사 1명을 반드시 배치해야 한다는 입장이었고, 보건복지부는 건강보험공단에서 사례관리를 부분적으로 수행하기 때문에 시설에 사회복지사가 필요치 않다는 입장이었다. 두 의견은 팽팽하게 대립하며 타협점을 찾지 못하였다. 결국 한국재가노인복지협회와 한국사회복지사협회는 7월 24일 여의도에서 전국 재가노인복지시설 종사자 2천여명이 모인 가운데 보건복지부 규탄대회를 열었다. 김용년 한국재가노인복지협회장은 25일부터 과천 정부청사 앞에서 단식농성을 벌였고, 각 지회에서는 1인 시위를 병행하여 ① 방문요양시설 사회복지사 정수 배치 ② 주야간보호시설 요양보호사 배치기준 강화 ③ 요양보호사의 관리책임자 자격요건 강화 등을 주장하였다.

무려 13일 동안 진행된 김용년 회장의 단식투쟁을 통해 보건복지부는 노인복지법 개정 시 기존 서비스를 받고 있는 노인에 대한 서비스가 중단되지 않도록 현재 준비 중인 노인복지법 시행규칙이나 사업안내(지침)에 사회복지사 배치를 반영하는 내용을 긍정적으로 검토할 것을 협의하는 것으로 마무리 되었다.

당시 '방문요양'은 노인장기요양보험법과 노인복지법 모두에 포함되어 있었다. 노인장기요양보험 도입과 함께 기존 가정봉사원파견사업을 '방문요양'이라는 명칭으로 일원화 하였으며 노인복지법의 '방문요양'은 장기요양보험 도입 이후 등급을 받지 못한 기존 기초수급자와 실비이용 노인들이 지속적으로 서비스를 받을 수 있도록 존속 되었다.

그러나 시설에서는 사회복지계가 요구했던 노인복지법 내 방문요양(구 가정봉사원파견사업)의 사회복지사 정수 배치에 대해 기존 기초수급자와 실비이용 어르신이 사망하거나 등내자가 되어 자연 감소할 경우 노인복지법 상의 방문요양이 없어질 것이라는 불안감을 갖게 되었으며, 보다 근본적인 변화를 통해 등외자 서비스가 지속되도록 하는 방안 마련을 협회에 요구하게 되었다.

한편 협회는 장기요양보험 도입에 따른 요양보호사 양성과정에 관심을 가지고 '요양보호사 교육교재'를 발간하였고 노인유사체험용품 등의 교구를 제작하여 가정봉사원교육훈련원에 배부하였다.

3. 2008년 : 재가노인복지사업의 위기와 대응

2007년 협회 규탄대회, 1인 시위 및 단식농성에도 불구하고 노인장기요양보험 도입에 따른 재가노인복지시설의 고민은 날로 깊어졌다. 이 시기에 제5대 조남범 회장이 협회장으로 당선되었다.

조남범 신임회장은 취임과 동시에 노인장기요양보험 대책 마련을 주요 사업으로 삼고 '노인장기요양보험 대책위원회'를 새롭게 구성하였다. 총 두 차례에 걸쳐 집중 전략회의를 실시하였고 한 차례의 설명회를 통해 협회의 의견을 모아 보건복지부에 건의하였다. 주요내용은 ① 노인복지법 방문요양(구 가정봉사원파견사업, 이하 가파)의 존치, ② 노인장기요양보험제도 정착 전까지 주간보호센터 운영비 지원 등이 주요 내용이었다.

이를 위해 보건복지부와 수차례 회의를 진행하면서 협회의 의견이 수용되도록 노력하였고 2008년 하반기 노인복지시설 사업 안내를 통해 노인복지법의 방문요양서비스, 주간보호, 단기보호 등의 보조금을 명시하게 되었다.

이후 협회는 학지사를 통해 『재가노인복지론』을 발간하여 재가노인복지사업의 이론적 토대를 재정립하였다. '재가노인복지론'은 지금도 대학에서 주요 참고서적으로 활용되고 있으며, 대한민국 재가노인복지 발달과 정책 변화 등을 살펴 볼 수 있는 사료로서의 의미가 있다.

또한 재가노인복지 범위 및 기능 재정립에 관한 연구를 통해 재가노인의 복합적인 욕구에 효과적으로 대처하고 삶의 질 향상을 위한 방안을 마련하는 등 기존 재가노인복지사업의 변화를 모색하였다.

결연사업으로는 아름다운재단과 함께 '홀로사는 어르신 생계비 지원사업'을 진행하였다. 생계비 지원사업은 노인 1명에게 3년간 월 10만원씩 지원하는 사업으로 3년마다 대상자를 재선정하며 현재까지 지속되고 있다.

4. 2009년 : 재가노인복지사업 패러다임의 전환

2008년 말 개인적인 사유로 조남범 회장이 사임하면서 공석이 된 협회장직에 당시 부회장 중 최연장자였던 김지영 부회장이 정관에 의거하며 회장직을 수행하게 되었다. 이후 2009년 정기총회를 통해 회장으로 선임되어 제6대 한국재가노인복지협회장으로 취임하게 되었다.

김지영 회장은 취임 이후 전임 조남범 회장이 추진했던 가정봉사원파견사업(이하 가파)의 존치와 주·야간보호시설 보조금 유지에 대해 일관된 입장을 견지하면서 복지부와 논의를 진행하였다. 당시 학계, 보건복지부, 현장 모두가 기존 가파의 존치에 대해 부정적인 입장이었다. 이는 모호한 사업내용 때문이었다. 기존 가파의 사업내용은 유급가정봉사원을 통한 신체수발, 가사지원과 노화, 질병 및 장애관리에 관한 사항, 상담 및 교육에 관한 사항, 지역사회 복지자원 발굴 및 네트워크 구축 등이었다. 이 중 유급가정봉사원을 통한 신체수발 및 가사지원은 노인장기요양보험의 방문요양서비스 내용과 거의 비슷해서 더 이상 가파가 필요하지 않다는 인식이 널리 퍼져 있었다. 또한 기존 가파는 자연스럽게 장기요양 방문요양시설로 전환될 수 있었기 때문에 사회복지서비스로서 가파사업이 지속되기 어려운 것이 현실이었다.

새롭게 부임한 김지영 회장은 한국재가노인복지협회 부설 재가노인복지연구소(연구원장 : 김미혜 이화여자대학교 사회복지학과 교수)와 협회 임원단, 기타 재가노인복지사업 관련자로 구성된 '재가노인복지시설 기능 재정립위원회'를 통해 기존 가파사업과 장기요양보험 내 방문요양시설과의 역할 등을 비교·분석하였고, 그 결과 기존 가파사업을 '재가노인지원서비스'라는 새로운 사업으로 재정립하게 되었다.

재가노인지원서비스는 얼핏 신체수발, 가사지원만 제외된 기존 가파사업의 축소판으로 인식되기도 하지만, 실제로는 가파보다 명확하고 포괄적인 사업 내용을 담고 있다. 즉, 장기요양 등급을 받지 못한 노인에 대한 일상생활지원 등 예방적 지원서비스, 사회안전망 구축, 긴급지원 등으로 예방에 초점을 맞추고 있다. 이미 신체기능 및 상태가 좋지 않은 노인에 대한 서비스 제공에서 재가노인의 사회적 기능 향상과 일상생활지원 등을 통해 장기요양 등급 진입을 늦춰 지역과 가정에서 보다 건강하고 행복한 노후생활을 보내도록 하는 데 목적을 두고 있다.

이전까지 보건복지부는 노인보호체계가 장기요양보험으로 전환된 시점에서 기타 다른 서비스를 도입할 명분이 없다고 주장했다. 하지만 장기요양등급을 받지 못한 건강한 노인이 경제적·사회적 위협 때문에 등급 내 노인으로 떨어지고, 이에 따른 사회적 비용의 증가를 예방하는 체계로서 협회가 제안한 '재가노인지원서비스'에 긍정적인 관심을 나타냈다. 협회의 꾸준한 요구와 필요성에 대한 의견을 수렴하여 노인복지법 시행규칙 개정을 통해 '재가노인지원서비스'가 재가노인복지사업에 편입되었다. 2009년 '재가노인지원서비스' 시행은 무너져 있던 재가노인복지체계에 협회가 새로운 방향을 제시한 것으로서, 2015년 현재까지 지속되고 있다.

5. 2010년 : 한국재가노인복지협회 정책기능 강화

노인장기요양보험 도입 이후 협회는 노인복지법의 재가노인복지서비스와 노인장기요양보험의 재가장기요양급여에 대한 정부의 정책 파트너로서 그 소임을 다해왔다.

2010년에는 노인장기요양보험 도입 이후 처음으로 장기요양기관 평가가 실시되었다. 협회는 장기요양기관 평가대비 매뉴얼을 작성하여 보급하였다. 대구재가노인복지협회가 작성했던 평가 매뉴얼을 전국 공통으로 적용할 수 있도록 재편하여 회원 시설에 보급하고, 관련 교육을 통해 처음 실시되는 재가장기요양급여 평가에 회원시설들이 대비할 수 있도록 지원하였다.

한편 노인복지법상의 재가노인복지사업 정책을 지속적으로 제안했다. 가장 큰 이슈는 2009년 도입된 재가노인지원서비스에 대한 지속적인 지원체계를 마련하는 것이었다. 하지만 2005년 사회복지예산 지방이양으로 중앙정부 차원의 보조금 지원이 현실적으로 어려워졌다. 이에 따라 협회는 지회를 통해 해당 지자체에 재가노인지원서비스에 대한 필요성

인식을 위해 노력하였다. 재가노인지원서비스 정책의 제안 및 입안 내용, 필요성, 사업내용 등 종합적인 이론 체계는 중앙회에서 마련하고 이를 바탕으로 지역을 설득하여 예산을 확보하는 것은 지회에서 담당하는 등 역할분담을 통해 안정적 예산 확보에 주력했다. 하지만 지역마다 편차가 있는 복지예산과, 사업에 대한 담당 공무원의 인식 차이 등으로 전국적으로 동일한 기준은 마련하지 못했고, 지역마다 각기 다른 기준을 갖게 되었다. 이는 앞으로 풀어나가야 할 정책과제이다.

6. 2011년 : 재가노인복지사업의 새로운 도약

한국재가노인복지협회는 2011년 조남범 회장의 잔여 임기를 승계한 김지영 회장의 임기만료에 따라 새로운 협회장 선거를 실시했고, 이사회의 추천과 총회 인준을 통해 김지영 회장이 연임하게 되었다. 새로운 임기를 시작한 김지영 회장은 이제 막 걸음마를 뗀 재가노인지원서비스의 정착과, 급속하게 팽창하던 재가장기요양기관의 공공성 확보, 시설운영 안정화를 2기 회장 임기의 급선무 정책으로 설정하고 복지부, 공단 등과 정책협의를 지속하였다.

2008년 도입된 노인장기요양보험은 노인성 질환 등으로 도움이 필요한 노인에게 사회보험을 통해 재가, 시설급여를 제공하여 대상자의 상태 악화를 방지하고, 가족의 부양부담을 줄인다는 목적을 어느 정도 달성하여 정책적 성과를 내고 있었다.

하지만 초기 장기요양시설 인프라 구축이라는 보건복지부의 정책방향과, 접근이 용이한 설치 요건 등이 맞물려 시설들이 급격히 늘어났다. 특히 재가급여 방문요양시설의 경우 난립이 우려될 정도로 증가 속도가 빨라서 기관 간 대상자 확보를 위한 경쟁이 치열하게 전개되었다.

이런 상황에서 협회는 장기요양기관의 올바른 재가서비스 제공을 위한 활동을 지속적으로 진행하였다. 2010년과 2011년에 실시된 사회서비스 박람회에 노인장기요양보험을 주제로 참가하여 재가장기요양서비스 제공사례, 올바른 장기요양서비스 선택방법, 급여종류 등에 대한 대국민 홍보를 실시하였다.

정책적으로는 가산수가와 관련하여 장기요양 서비스 질 향상을 위해 법정기준 이상으로 직원을 추가 채용하거나 시설설비에 투자하여 더 나은 서비스를 제공하는 시설이 수가에서 가산을 받을 수 있도록 하는 기준을 제시하고 정책에 반영되도록 힘썼다. 또한 기존 가파사업의 가정봉사원을 독려하기 위해 매년 실시하던 '가정봉사원의 날'을 '요양보호사의 날'로 개칭하고 기념일을 7월 7일로 정하여 요양보호사에 대한 인식 개선 및 사기 고취 등을 위해 지회별로 기념행사를 실시하도록 하였다.

재가노인지원서비스를 안정적으로 정착시키기 위해서는 지자체별로 편차가 심한 지원기준을 통일하는 것이 급선무이다. 이를 위해 지회장회의, 임원회의 등을 열어 지자체별 지원기준을 확인하고, 지회별 대응체계를 마련하도록 하며 지원이 미비한 곳은 원활한 지회의 사례를 참고할 수 있도록 내용을 공유하고 대안을 마련하도록 공동대응 하였다. 그 결과 재가노인지원서비스 도입 초기에 지역별로 큰 편차를 보이던 보조금이 시설당 1억원 수준으로 평준화 되었다.

2011년 또 다른 정책 성과는 '재가장기요양급여 활성화를 위한 지역사회자원연계 방안'이라는 보건복지부 연구용역이었다. '재가장기요양급여 활성화를 위한 지역사회자원연계 방안'은 대상자에게 장기요양급여 이외의 욕구가 있을 경우 이를 충족시킬 수 있는 방안 중 하나로 지역사회자원연계를 통해 재가장기요양급여를 활성화하는 방안에 대한 연구로서 노인장기요양보험의 신체수발이나 가사지원 위주의 단편적 서비스에서 벗어나 대상자의 욕구에 기반하여 복합적인 서비스를 제공하도록 하는 방향으로 진행되었다.

연말에 협회는 아름다운재단과 공동으로 재가노인의 따뜻한 겨울나기를 위한 난방비 지원사업을 진행하였다. 노인 가정에 난방연료 비용을 지원하는 본 사업은 가수 이효리가 지원자로 나서서 많은 관심을 받으며 진행되었고, 협회는 대상자를 선정 및 지원하고 그에 대한 결과를 보고·정리하는 역할을 맡았다. 노인 300여명에게 약 4천만원의 난방비를 지원하였으며 이 사업은 2015년 현재까지 이어지고 있다.

7. 2012년 : 노인장기요양보험 공공성 확대를 위한 노력

2012년에는 특히 장기요양기관의 부당행위, 부실한 서비스 제공 등이 큰 이슈가 되었다. 제도 도입 5년을 맞으면서 정부는 제도의 긍정적 측면을 홍보하고, 장기요양보험의 성공적인 안착을 자축했지만 시설들은 기관의 난립으로 대상자 확보가 어렵고, 이에 따른 수가 수입 하락으로 경영난을 겪고 있었다. 또한 요양보호사 자격시험 도입으로 요양보호사 수급에까지 문제가 생겨 고군분투하고 있었다.

특히 시설의 운영을 어렵게 한 것은 기관 간 대상자 확보 경쟁으로 인한 부당행위의 증가였다. 이에 협회는 장기요양 공공성 확보 방안을 모토로 회원기관의 자정을 위해 노력하는 한편, 다양한 세미나를 통해 장기요양보험의 공공성 확대에 힘썼다. 2012년 11월 국회 헌정기념관에서 새누리당 유일호 의원과 공동으로 '장기요양보험 공공성 확대 세미나'를 개최하였고, 부당행위를 통한 대상자 확보가 아닌 장기요양 서비스 질 향상을 통한 대상자 확보의 당위성과 내용을 인식시키기 위해 노력하였다.

장기요양보험 도입 이후 두 번째 맞는 재가장기요양급여 평가에서 협회는 2008년과 마찬가지로 평가대비 매뉴얼을 작성하여 배포하였다. 2008년 첫 배포 시 문제가 되었던 책자 형태의 매뉴얼을 시설 여건에 맞게 편집하여 사용할 수 있도록 파일형태로 보급하여 평가에 원활하게 대비할 수 있도록 하였다.

2012년 협회는 그간 진행된 재가노인복지사업 안정화와 활성화를 위한 각종 사업의 입안과, 어려운 노인에 대한 후원체계인 노인결연사업 등을 실시하고, 종사자 교육훈련 및 사회복지서비스 제공 및 발전을 위한 활동 등을 인정받아 2012년 노인의날에 대통령 표창을 받기도 하였다.

8. 2013년 : 재가장기요양기관 지역사회자원연계사업 실시

2011년 복지부 연구용역으로 진행된 '재가장기요양급여 활성화를 위한 지역사회자원연계 방안'이 2013년 정부 지원사업으로 시행되었다.

최종 명칭은 '재가장기요양기관 지역사회자원연계사업'으로 결정되었으며 보건복지부는 공모를 통해 재가노인복지서비스 제공 기관 중 자원연계사업기관 13개소를 지정하였다. 협회는 이들 13개소를 대상으로 사업설명회를 개최하고 통합 전산 프로그램을 개발하여 각 수행기관의 사업 내역 등을 통합적으로 관리할 수 있도록 하였다. 또한 자원연계사업의 내용과 역할 등을 소개하는 사업 매뉴얼을 발간하였다.

'재가장기요양기관 지역사회자원연계사업' 실시는 대상 노인의 다양한 욕구해소와, 노인장기요양보험에서 재가급여 외의 다른 사회복지 서비스를 받을 필요가 있지만 타 제도나 규칙에서 사회복지 대상 이용자 중복을 금지하고 있기 때문에 노인장기요양서비스 이외의 다른 복지서비스를 받지 못하는 문제를 해결하는 데 초점을 맞추고 있다. 이를 위해 수행기관은 지역자원을 개발하고 연계하는 등의 역할을 수행한다.

2014년 치매특별등급 시행을 앞두고 협회는 재가시설에서 치매노인에 대한 대응능력을 향상시키기 위해 노력하였다. 인지재활 프로그램 워크숍을 통해 치매노인에 대한 시설의 인지재활 프로그램 제공방법을 소개하고 실습까지 병행하여 실시하였다.

9. 2014년 : 재가노인복지사업의 안정화를 위한 노력

5년간 협회를 이끌어온 김지영 회장이 제7대 한국재가노인복지협회장으로 재선임되면서 2017년 2월까지 세 번째 임기를 시작하게 되었다. 협회 20년 역사 중 가장 오랜 기간 협회장직을 역임하게 된 김지영 회장은 재가노인복지사업의 위상 제고, 재가노인지원서비스 및 지역사회자원연계사업의 활성화, 치매노인을 대상으로 특화된 재가노인복지서비스 개발 등을 역점사업으로 2014년을 시작하게 되었다.

2014년 노인장기요양보험 등급 확대에 따라 치매노인을 위한 등급이 마련되면서 재가장기요양시설에서는 4,5등급 노인을 위한 서비스를 제공할 수 있게 되었다. 이에 협회에서는 2014년도 노인복지 민간단체지원사업을 통해 '주야간보호시설 치매노인 대상 프로그램 개발보급사업'을 진행하였다. 전국 주야간보호 회원시설을 대상으로 치매노인을 위한 프로그램을 조사하여 시설에서 욕구가 높은 프로그램을 선별하여 책자로 제작·보급하였다. 또한 치매노인 프로그램 진행에 조금이나마 도움이 되기 위해 '주야간보호시설 프로그램 경진대회'를 통해 시설에서 운영 중인 우수 프로그램을 수집하고 내용을 공유하였다.

협회의 2014년 중점사업 중 하나인 재가노인복지시설 치매 대응능력 향상을 위해 8월 킨텍스에서 '치매를 지우는 새로운 방법'이라는 세미나를 통해 최근 이슈가 되고 있는 로봇 활용 프로그램, 신체활동 프로그램, 인지요법 프로그램 등을 시연하고 보급하였다. 11월 대전에서는 교육생 114명을 대상으로 재가노인복지시설 직원전문화교육 - 치매케어 과정을 진행하여 치매노인 사정방법, 치매노인 이해 등 치매와 치매노인에 대한 이해를 높이고 재가노인복지시설에서의 대응방법, 프로그램 진행 및 노인 이상 상황에 대한 대처방법 등을 종합적으로 이해할 수 있도록 하였다.

협회는 2014년 육군, 충남사회복지공동모금회와 함께 '2014년 나라

사랑 보금자리 사업'을 진행하였다. 나라사랑 보금자리 사업은 6.25, 베트남 참전 유공자 중 주거환경 개선이 필요한 최저생계비 200% 이내의 노인 59명을 선발하여 실제 거주하는 집을 신축하거나 개보수 하는 사업으로서, 총 사업비 17억원이 소요 되었다. 이를 통해 협회는 고령자 주거환경 개선에 대한 노하우를 습득하였으며, 사업 이후 고령자 주거환경에 대한 회의를 통해 고령자 맞춤형 주거환경에 관한 경험을 공유하고 제안할 수 있게 되었다. 또한 내부적으로 모든 규정을 개정하여 사무국 업무의 일관성을 유지할 수 있도록 하였다.

2014년 재가노인복지사업은 재가노인지원서비스와 지역사회자원연계사업 중심으로 진행되었다. 지역사회자원연계사업은 사업수행기관과 보건복지부 연석회의, 지역사회자원연계사업 안정화와 정착화를 위한 회의 등을 통해 지속 가능한 서비스로의 전환을 위한 정책마련, 사업내용 등을 정리하였고 이를 토대로 2015년도 사업 진행 시 수행기관 확대를 요구하여 일정부분 성과를 거두게 되었다.

또한 재가노인지원서비스, 주야간보호사업 등에 있어 재가노인복지사업의 운영비 지원에 절대적 역할을 하고 있는 지자체에 대해 각 지회를 통해 재가노인복지사업 기관의 위상과 필요성 등을 강조하는 활동을 활발히 전개하였다. 임원워크숍을 통해 지회운영 활성화에 대한 토론회를 열고, 이사회, 지회장 회의 등을 지속적으로 실시하여 지회 간 정보공유를 강화하였다.

서울지회에서는 재가노인지원센터장 간담회, 서울형데이케어센터 구별 모임, 재가노인지원센터 실무자 간담회 등을 통해 서울의 재가노인복지사업 활성화를 도모하는 한편, 현안 문제에 대해 서울시와 지속적으로 논의하였다. 또한 사회복지 재무회계규칙, 케어플랜 작성법, 서울형 데이케어 사례관리, 서울형 재가노인지원센터 실무자교육 등 교육 사업을 강화하여 총 10회에 걸쳐 590명을 교육하였다. 그밖에도 노인일자리 사업을 통해 '노인 무료급식 도우미 지원사업', '서울형 데이케어센터 대체 요양보호사 지원사업' 등 활발한 활동을 전개하였다.

부산지회에서는 총 13회의 전문위원 활동을 통해 부산지역 재가노인복지사업 활성화를 위해 노력하였다. 12월에는 종사자 56명을 대상으로 직장 내 스트레스 관리 교육을 진행하였고 종사자, 직원, 자원봉사자, 이용자 등 총 520여명이 참가한 '자원봉사자 어울림 한마당 행사'를 개최하여 지역사회 자원봉사활동 활성화에 기여하였다. 또한 연중 회원기관 지원사업을 진행하여 소기의 성과를 거두기도 했다.

대구지회에서는 총 26회의 임원회 및 분과위원회를 통해 대구지역 재가노인복지서비스 활성화와 사업방향에 대해 논의하였다. 특히 재가노인지원서비스의 지역평가 관련 교육을 실시하여 시설 평가에 대비할 수 있도록 하였으며 총 4회에 걸친 워크숍과 시설 회계운영, 행정 실무 등 종사자 390여명에게 전문화교육을 진행하였다.

인천지회는 인천지역 재가노인복지시설 특화프로그램에 대한 연구보고서 발간과 통합발표회를 진행하여 지역의 특수성을 살린 재가노인복지 프로그램 소개 등을 진행하였다. 또한 종사자 20명을 대상으로 실무자 사례관리 역량강화를 위한 교육연수를 실시하였으며, 노인 1,000여명이 참석한 연합 어르신 나들이 행사도 진행하였다.

광주지회는 복지사각지대 해소를 위한 광주지역 전략 마련을 위한 정책포럼, 시설장 회의 등을 실시하였고 종사자 500여명에게 총 2회에 걸쳐 노인학대 예방, 성폭력 예방, 근골격계 질환예방, 치매환자를 위한 노인 놀이치료 등을 교육하였다.

대전지회는 시설장 및 실무자 모임을 총 12회 진행하여 재가노인복지사업 및 노인장기요양보험의 정책변화와 대응방안, 지역 지원금 확대 방안 등을 논의하였고 중앙회, 대전복지재단 등의 각종 업무 협조 사항에 대해 회원 시설의 의견을 전달하는 데 주력하였다.

울산지회는 세 차례의 월례회의를 통해 울산 재가노인복지사업에 대한 회원의 이해를 높이고 의견을 수렴하여 사업확대와 안정화를 위한 논의를 울산시와 지속적으로 실시하였다. 또한 SK에너지, 현대자동차, 울산약사회 등 후원사를 통해 회원시설 대상 노인에게 보청기, 생필품, 영양제등을 지원하는 사업을 매년 지속적으로 실시하였다.

경기지회는 다섯 차례의 정책회의를 통해 2014년도 재가노인지원서비스센터 평가에 대비하였으며 경기복지재단과 연계사업으로 재가노인지원서비스 활성화를 위한 연구용역을 진행하였다. 또한 회원시설을 대상으로 평가대비 교육을 진행하여 시설의 평가대응 능력을 향상시켰으며, 종사자 166명이 참여한 가운데 한마음 워크숍 등 종사자 연찬행사를 진행하였다.

강원지회는 6회에 걸친 임원간담회를 통해 재가노인복지시설의 운영 활성화를 위한 대책을 논의하고, 강원도청과의 간담회를 통해 강원도와

강원재가노인복지협회 간 협력체계를 구축하는 등, 재가노인복지사업의 발전방향을 모색하였다. 또한 종사자 70여명에게 치매케어의 이해와 사례관리, 재가시설 노무관리 등에 대한 전문화 교육을 실시하였다.

충북지회에서는 총 12회에 걸친 시설장, 실무자, 중간관리자 모임을 통해 충북지역 재가노인복지시설의 발전방향을 모색하고, 충북도청 등과 간담회를 갖고 기관운영에 대한 의견을 제시하였다. 또한 6월 지방선거에 대비한 재가노인복지 발전과 관련된 정책제안서를 발간하였으며 통합청주시 재가노인복지사업 개편에 대한 정책제안서를 제출하여 지역의 재가노인복지 발전을 위해 노력하였다.

충남지회는 임원회 3회, 정기모임을 5회 개최하여 재가노인지원서비스 평가에 대비하였고, 충청남도와 재가노인복지사업 지원기준, 종사자 처우개선비 지급 등에 대해 논의하였다. 또한 재가시설 종사자 149명에게 2회에 걸쳐 재가노인복지지설 전산프로그램 및 보수교육을 진행하였다. 10월에는 2007년부터 이어져온 실버축제 한마당을 통해 재가노인의 여가와 시설 단합을 도모하였다.

전북지회는 12회에 걸친 운영위원회 회의를 통해 전북 재가노인복지 운영지침을 마련하였으며 재가노인복지 업무매뉴얼을 제작·배포하였다. 또한 '전북 재가노인복지 주간'을 실시하여 일주일간 가두캠페인, 효도 큰잔치, 사회복지사 보수교육 등 지역에 재가노인복지사업을 홍보하고 대상자에게 여가선용의 기회를 제공하였으며 종사자 역량강화를 위한 교육 사업을 진행하였다.

전남지회는 지역의 재가노인복지사업 현안 및 재가시설 활성화와 대책 마련을 위한 임원회를 4회 실시하여 전라남도 재가노인복지사업 방향에 대한 논의를 실시하였다. 재가급여 평가와 치매특별등급 신설에 따른 프로그램 및 운영규정 교육을 실시하여 제도 변화에 따른 회원시설의 대응능력 향상을 위한 사업을 전개하였다.

경북지회는 시설장 회의와 임원회의를 각각 4회 실시하여 재가노인지원서비스평가에 대비하였고 평가결과에 따라 재가노인지원서비스의 방향설정 및 사회복지시설 평가 인증제 도입 등에 대한 의견을 개진하였다. 또한 250여명이 참석한 경북재가노인복지협회 워크숍을 통해 회원 단합을 도모하는 한편, 재가노인지원서비스 사례관리 이해 등의 교육을 2회에 걸쳐 64명에게 실시하였다. 9월에는 1,600여명이 참석한 가운데 '재가어르신 청춘 두드림 한마당'을 통해 재가노인에게 여가선용의 기회를 제공하는 사업을 진행하였다.

경남지회는 임원회의와 월례회의를 각각 4회 실시하여 재가노인복지시설 통합 전산망 구축과 재가노인지원서비스 재정립을 위한 회원 의견을 수렴하였다. 이를 통해 경상남도와 재가노인지원서비스를 '노인통합지원센터'로 재정립하고 시설 종사자의 처우개선을 위한 지원금을 확대하는 등 재가노인복지사업의 지역특화에 성공하였다.

제주지회는 회원시설의 단합을 도모하기 위해 150여명이 참석한 가운데 직원 송년의 밤 행사를 진행하였고, 재가노인 발전방안 특강, 종사자 장기자랑 등을 실시하였다. 또한 종사자 170여명에게 간호, 직장예절, 성희롱 예방 등 직무 교육을 실시하였다.

그밖에도 각 지회별로 많은 사업이 진행되고 있다. 이와 같이 회원을 대상으로 활발하게 사업을 전개하는 지회의 활동은 중앙회로 하여금 보건복지부, 국민건강보험공단 등과 정책 파트너로써 재가노인복지사업 및 노인장기요양보험 정책 대안 마련에 집중할 수 있게 해주며, 지회를 통한 지역밀착 회원서비스 강화 체계를 가능하게 하고 있다.

Chapter 3

한국재가노인복지협회
역대회장 인터뷰

제1대
한국재가노인복지협회장
조기동

- 학력

강남대학교 사회사업학과 졸

- 경력

前 한국노인복지회 회장
前 한국사회복지사협회 회장
現 영등포구 사회복지협의회 이사
국무총리표창(1977)
보건사회부장관 표창(1977)
국민훈장모란장 수여(1999)
제11회 사회복지의날 '우봉 봉사상'
(한국사회복지협의회)

제1대 협회장 조기동

 재가노인복지사업을 하시게 된 특별한 이유가 있었나요?

 1982년 한국노인복지회를 설립할 당시 한국에서는 재가노인이라는 용어를 우리가 처음 사용했습니다. 한국노인복지회는 당시 노인요양원, 양로원 등의 수용시설에 거주하지 않고 지역사회에 살고 있는 무의탁 빈곤노인에 대한 관심 때문에 그분들에게 지역사회복지차원에서 사회서비스를 제공하기 위해 설립되었습니다. 저는 1958년 사회사업에 입문한 이래 줄곧 지역사회에 관심을 가지고 지역사회복지사업을 실시해 오던 중 이런 이유로 재가노인복지사업을 실시하게 되었습니다.

 당시에 재가노인복지사업은 생소한 분야였는데, 어떤 사업부터 시작하시게 되었나요?

 외국원조 전승기간(1952-1980년도 초)에도 노인복지시설에 대한 지원은 전무했습니다. 1981년 노인복지법이 재정되었지만, 그 당시 정부 시책은 가정보호를 우선으로 하고 가정보호를 받지 못하는 노인에 대해 사회보장체계를 마련하는 것이었습니다. 정부는 원칙적으로 자녀와 지역사회가 노인을 보호해야한다는 입장이었기 때문에 시설에 수용된 65세 이상 노인은 전체의 0.3%에 불과했고, 99.7%의 노인이 자택에 거주하고 있었습니다. 그런데도 자택에 있는 무의탁 빈곤노인을 지원하는 단체나 기관은 전혀 없었습니다.

그러던 중 앞서 말씀드린바와 같이 1982년 한국노인복지회를 설립하여 무의탁 빈곤노인에 대한 지역사회복지를 실시하였고 가장 먼저 노인생활 상담사업을 시작했습니다. 그리고 무의탁노인 결연사업과 독거 및 장애노인 전화말벗사업 등을 실시했으며 혼자 사는 노인 친교사업PWP parent without partner도 진행했습니다. 특히 3, 4년간 무의탁노인 결연사업, 독거노인·장애노인을 위한 전화말벗사업을 진행하면서 사회복지 제도권 내에서 이들에게 서비스를 제공할 방법은 없는지 고민하다가 서구 복지선진국에서 재가노인을 위한 사업에 대해 연구 하던 중 1986년 국제노인복지회Help Age International:HAI의 주선으로 London Home Help service를 심층 견학하게 되었고, 이후 Home Help Service 제도를 한국에 도입하기로 결심했습니다.

같은 해 가을, 관악구 난곡 지역담당 허명자 자원봉사자를 통해 독거노인 세 가정을 시범 방문하여 Home-help 서비스를 실시한 결과 노인과 봉사자 모두 만족하는 것을 보고, 1987년에 '노인가정 상담사업'이라는 명목으로 당시 보건사회부와 서울시의 지원금 840만원과 HAI의 지원으로 본격적인 사업을 시작하게 되었습니다.

재가노인복지사업과 인연을 맺으신 후 어떤 사업들을 진행해 오셨나요?

외국의 홈헬퍼Home-helper사업을 우리나라에 적용해보니 무의탁 재가빈곤노인에 대한 서비스 제공이라는 초기 한국노인복지회 설립 목적에 부합한다는 확신을 갖게 되었습니다. 이후 한국의 가정봉사원파견사업 모델을 외국에 전수해야겠다는 생각으로 관계 기관과의 꾸준한 협력 끝에 1998년 보건복지부 노인복지과가 외교통상부와 ASEAN(동남아시아국가연합) 사무국에 한국의 가정봉사원파견사업Home Care Service 모델을 10개국(미얀마, 라오스, 태국, 캄보디아, 베트남, 필리핀, 말레이시아, 브루나이, 싱가포르, 인도네시아)에 전수하는 사업을 추천했습니다. 2002년 ASEAN 사무국이 이 제안을 승인하여 2003년부터 2012년까지 우리나라의 가정봉사원파견사업 모델을 동남아시아국가연합ASEAN 10개국에 전수하는 역할을 담당했습니다. 전수가 미흡한 4개국(미얀마, 캄보디아, 라오스, 베트남)에 2015년까지 지원 중에 있습니다.

 재가노인복지사업을 하실 때 어떤 점이 가장 힘드셨나요?

다른 사람들에게 가정봉사원에 대해 쉽게 설명하기가 상당히 어려웠습니다. 가정봉사원·가정봉사원파견센터를 일반시민과 공무원에게 인식시키기가 쉽지 않았고 노인복지법상의 근거도 없었기 때문에 가정봉사원파견사업을 위해 1987년에 노인가정상담사업이라는 명목으로 보조금을 신청하는 등 초기에 가정봉사원파견사업에 대한 인식을 심어주는 데 상당히 힘들었던 기억이 있습니다.

Q 특별히 기억나는 사람이나 관련 공무원이 있으신가요? 도움을 주었거나 힘이 되어주신 분들의 이야기를 부탁드립니다.

 A 가장 먼저 HAI가 떠오릅니다. London Home Help Service 견학 알선에서부터 시작하여 4년 간 우리나라의 가정봉사원파견사업을 지원하는 등 초기 대한민국 가정봉사원파견사업이 정착하는 데 큰 기여를 한 단체입니다. 최성재, 김영호 교수도 기억에 남습니다. 가정봉사원 교육 및 사례모임 지도 등 학계 연구 덕분에 한국형 가정봉사원파견사업이 제도화 될 수 있었다고 생각합니다. 그리고 관악구 난곡동 노인 10여명을 수발했던 우리나라 1호 가정봉사원, 허명자 봉사원도 생각이 납니다. 이분은 가정봉사원파견사업에서 가장 중요한 역할을 담당했던 분입니다. 쉽지 않은 사업을 처음 맡았는데도 가정봉사원의 역할을 잘 이해하고 수행해 주었습니다. 마지막으로 보건복지부 김호순 국장이 떠오릅니다. 김 국장은 Home Care 전수사업을 외교통상부와 ASEAN 사무국에 추천하여 한국형 가정봉사원파견사업 모델이 여러 나라에 전수될 수 있도록 도와준 분입니다.

회장님께서 하신 일 중 가장 대표적인 일은 무엇이었나요?
그리고 아쉬웠던 점이 있다면 말씀해주세요.

한국전쟁 이후, 한국 사회사업 현장에서 일하면서 1958년에서 1980년까지 캐나다 국제 NGO 한국 대표로 활동한 것과 1982년부터 2005년까지 한국노인복지회가 HAI 자매기관으로 활동했던 것도 기억에 남습니다. 저는 우리나라 최초로 의료 사회사업, 학교 사회사업, 가정봉사원파견사업을 추진했는데 그중 한국 최초로 가정봉사원파견사업을 도입한 것이 가장 대표적인 역할이었다고 생각합니다. 전쟁 후 원조를 받던 기관에서 원조하는 기관으로 발돋움하여 1996년에는 인도네시아 노인복지회 설립을 주도하고 ASEAN 10개국에 한국의 가정봉사원파견사업 모델을 전수한 것이 대표적 역할이라고 생각합니다.

 인생을 돌아봤을 때 가장 보람있었던 일을 꼽는다면 무엇인가요?

앞서 설명한 것처럼 평생을 대한민국의 사회복지에 종사하면서 사회복지관 사업을 진행했고, 가정봉사원파견사업 시범운영과 제도화를 통해 ASEAN 10개국에 한국의 홈케어 모델을 전수한 것이 가장 보람되었다고 생각합니다. 그 공로로 국민훈장모란장을 수여받기도 했습니다.

Q 마지막으로 후배들에게 조언 한 말씀 부탁드립니다.

 사회복지사협회 3대 회장(1971-1973)을 역임할 때 회원 수가 500명이 채 되지 않았습니다. 하지만 지금은 60만명이 넘는 장족의 발전을 거듭해왔습니다. 또한 사회복지가 국정 최우선과제가 되었고, 정치인도 사회복지사임을 자랑하고 선전하는 사회가 되었습니다. 저는 사회복지사로서 50년 인생에 후회가 없습니다. 후배 사회복지사에게 꼭 전하고 싶은 말은 이것입니다. "긍지를 가지고 전문분야를 개척하여 선배들이 해온 것보다 더 멋진 복지대한민국 건설을 위해 최선을 다하시길 바랍니다."

제2대 한국재가노인복지협회장
윤동성

■ **학력**

대구대학교 사회사업학과 졸업
대구대학교 대학원 사회복지학과 졸업

■ **경력**

前 순천종합사회복지관 관장
前 전남사회복지사협회 회장
前 전남사회복지관협회 회장
前 사회복지법인 순천성신원 이사장

interview

제2대 협회장 윤동성

❖ 윤동성 회장님은 현재 투병중이셔서 부득이 인터뷰를 싣지 못하였습니다. 윤동성 회장님의 쾌유를 기원합니다.

제3대
한국재가노인복지협회장
조성철

■ **학력**

대구대학교 사회개발대학원 문학 석사
경상대학교 대학원 행정학 박사수료
대구대학교 명예박사
러시아국립사회대학교 명예박사

■ **경력**

前 한국사회복지사협회장
前 인애복지재단 대표이사
現 경남종합사회복지관 관장
現 한국사회복지공제회 이사장

제3대 협회장 조성철

 재가노인복지사업을 하시게 된 특별한 이유가 있었나요?

 재가노인복지사업이 시작되었을 때 사회복지환경은 '시설중심의 보호' 서비스가 대부분이었습니다. 대상자도 주로 최저빈곤층 노인이었고 서비스 종류도 제한적이었고, 노인인구의 급격한 증가도 예상하지 못했던 것이 사실입니다. '시설중심의 보호' 서비스의 한계를 인식하게 되면서 지역사회 중심의 재가노인복지 사업이라는 새로운 패러다임이 등장하게 되었습니다. 재가노인복지사업이 지역사회의 다양한 인적·물적자원을 활용할 수 있고, 무엇보다 문제가 발생하기 전에 예방할 수 있다는 점 때문에 재가노인복지사업을 시작하게 되었습니다.

 당시에 재가노인복지사업은 생소한 분야였는데, 어떤 사업부터 시작하시게 되었나요?

재가노인복지사업 자체가 잘 알려지지 않은 사업이었고, 이를 위한 인프라도 마련되지 않은 채 시행되었습니다. 먼저 지역사회 노인들을 대상으로 서비스를 제공할 수 있는 인력을 양성하는 일이 급선무였습니다. 그래서 1995년에 가정봉사원교육 훈련사업을 우선적으로 진행했고, 이후 훈련된 가정봉사원을 파견하는 사업과 주간보호사업, 단기보호사업이 시작되었습니다.

 재가노인복지사업과 인연을 맺으신 후 어떤 사업들을 진행해 오셨나요?

재가노인복지사업이 성공적으로 안착되려면 지역사회 자원을 적절히 개발하고 이를 연결하는 일과, 앞서 말씀드린 것처럼 양질의 서비스 인력을 양성하는 일이었습니다. 따라서 지역사회의 다양한 자원 개발을 위해 후원단체와 기관을 찾아 연계·협력하는 일을 중점적으로 추진했습니다. 당시의 연계 기관들 중 상당수는 지금도 함께 협력하고 있습니다. 또한 인력 인프라 구축을 위해 유급·무급 가정봉사원에 대한 양성교육과 보수교육도 수차례 실시했습니다. 최근에 20여 년간 자원봉사자로 활동하시던 분을 만나게 되었습니다. 우리가 진행했던 가정봉사원교육을 받았던 것을 계기로 지금까지 활동하고 있다는 것입니다. 정말 큰 보람을 느낄 수 있었습니다.

재가노인복지사업을 하실 때 어떤 점이 가장 힘드셨나요?

초기에는 재가노인복지사업에 대한 인식 부족으로 많은 어려움이 있었습니다. 당시 노인복지시설들(양로원, 요양시설, 전문요양시설)과의 관계에서도 불편한 점들이 있었고, 무엇보다 재가노인복지사업에 대한 전문 매뉴얼 등이 부재하여 많은 어려움이 있었습니다. 또한 종사자에 대한 처우도 매우 열악하여 여타 시설보다 많은 이직이 발생하기도 했습니다. 이런 여건들이 초기 한국 재가노인복지사업의 정착을 어렵게 만드는 요인들이었습니다.

 당시 노인복지사업의 전반적 흐름은 어땠나요?

1990년대 초반부터 학계와 사회복지계에서는 노인인구 증가에 대비해야 한다고 정부에 수차례 건의하였습니다. 당시에는 양로원과 노인요양시설이 노인복지의 전부라 해도 과언이 아니었습니다. 지역사회에서 보호가 필요한 노인들은 전부 가족들이 책임을 져야 했습니다. 늦긴 했지만 1995년부터 우리나라에 본격적으로 재가노인복지사업이 도입되었고, 이를 통해 지역사회에서 보호가 필요한 노인들이 돌봄을 받을 수 있는 체계가 마련되었습니다. 재가노인복지사업이 등장하면서 우리나라 노인복지사업의 한 축을 담당하게 된 것입니다.

**특별히 기억나는 사람이나 관련 공무원이 있으신가요?
도움을 주었거나 힘이 되어주신 분들의 이야기를 부탁드립니다.**

한국재가노인복지협회 회장을 하면서 보건복지부 담당 공무원과 많은 논쟁이 있었습니다. 열악한 재가노인복지사업 예산에 현실을 반영하는 문제가 절실했고, 무엇보다 증가하는 욕구에 대한 재가노인복지시설 확충이 필요했습니다. 기억에 남는 인물로는 당시 보건복지부의 노인보건과 장병원 과장(현 식품의약품안전처 차장)과 이태근 사무관(현 보건복지부 감사담당관)이 있습니다. 우리나라 재가노인복지사업의 발전을 위해 고군분투한 사람들입니다. 한국형 재가노인복지모델을 구축하기 위해 많이 연구도 하였고 무엇보다 재가노인복지시설 예산을 현실적으로 반영(연 예산 증가율 5%에서 30%로 증가)해 주었고 재가노인복지시설의 확충(150여개에서 400여개로 증가)에 획기적으로 기여해 주었습니다. 많은 시간이 지났어도 오래오래 기억되는 사람들입니다.

 **회장님께서 하신 일 중 가장 대표적인 일은 무엇이었나요?
그리고 아쉬웠던 점이 있다면 말씀해주세요.**

우리나라 재가노인복지사업은 일본의 개호보험 이전의 홈헬퍼 사업을 벤치마킹한 것이기 때문에 한국형 재가노인복지 모델을 만들기 위해 많은 연구를 진행했습니다. 일본 재가노인복지시설과 교류하면서 시설 종사자를 위한 연수프로그램을 만들었고 재가노인복지의 전문성 함양을 위한 기술서와 실천 매뉴얼 등 전문서적도 발간하여 보급했습니다. 또한 장기요양보험제도가 도입되기 이전 '개호복지' 프로그램을 개발하기도 했습니다. 이는 현재 방문요양과 유사한 형태로 진행되었고, 실제로 경남지역에서는 민간차원에서 돌봄이 필요한 노인들을 상호부조 방식으로 지원하는 프로그램을 적용하여 노인들에게 케어서비스를 제공하는 새로운 노인복지프로그램으로 자리하게 되었고, 이후 우리나라 노인장기요양제도에도 일정부분 영향을 미치기도 했습니다. 한국재가노인복지협회 회장으로 일하면서 한 가지 아쉬웠던 점은 재가노인복지분야의 총괄 예산은 많이 증액되었지만, 이를 항목별로 구분하여 정부가 지원할 수 있도록 하는 일을 마무리 하지 못했다는 점입니다. 지금은 많이 변했겠지만 당시에는 인건비와 운영비, 사업비 등이 분리되지 않고 총액으로 예산을 지원하였습니다. 전체예산 중 종사자 인건비와 사업비를 명확하게 구분하고, 종사자 처우를 개선하기 위해 적정 수준의 인건비 지원에 대한 기준을 마련해야 했는데, 이 부분을 마무리 하지 못한 것이 큰 아쉬움으로 남아 있습니다.

 인생을 돌아봤을 때 가장 보람있었던 일을 꼽는다면 무엇인가요?

 사회복지현장에서 본격적으로 일하기 시작한 것은 1980년부터

였습니다. 전에는 사회적으로도 인정받고 경제적인 수입도 많은 분야에서 일하고 있었습니다. 이런 분야에 있다가 사회복지 현장에 와보니 정말 열악하고 힘든 일들의 연속이었습니다. 무엇보다 힘들었던 것은 사회복지분야에서 근무하는 분들이 누구도 할 수 없는 힘든 일을 하면서도 자신들의 업무에 대한 가치와 프라이드가 높지 않다는 점이었습니다. 저도 일하면서 많은 좌절감을 맛보았습니다. 하지만 지금도 이 일을 하고 있습니다. 사회복지현장에서 지금까지 버틸 수 있었던 것은 바로, '내가 힘들고 어려운 만큼 나를 통해 도움을 받는 분들의 삶은 나아진다'는 믿음이었습니다. 이 일을 한지 올해로 벌써 34년이 되었습니다. 어려움도 많았지만 그때 사회복지현장에서 일한 것이 최선의 선택이었다는 것과 지금도 이 일을 하고 있다는 것이 자랑스럽습니다.

 회장으로서 이루신 일들 중 가장 보람 있었던 일은 무엇인가요?

A 요즘은 사회복지공동모금회 등 많은 단체들이 사회복지시설에 차량을 지원하는 사업을 하고 있습니다. 하지만 제가 한국재가노인복지협회 회장으로 근무할 당시에는 지금처럼 차량 지원사업이 흔하지 않았습니다. 재가노인복지시설들이 폭발적으로 증가하던 시기였고, 정부예산도 충분하지 않았기 때문에 각 시설에 차량을 지원하는 것이 가장 필요한 일이었습니다. 이때 사회복지공동모금회를 통해 190여대를 지원받고 로또공익재단을 통해 차량 50여대를 지원받아서 전국 최초로

재가노인복지시설에 차량을 지원하게 되었습니다. 그 일이 가장 기억에 남습니다.

 마지막으로 후배들에게 조언 한 말씀 부탁드립니다.

사회복지는 단지 빵을 나눠주는 자선사업과는 다릅니다. 사람과 사람 사이의 관계를 발전시키고 희망을 심는 것이 바로 사회복지 실천입니다. 사회복지 실천의 중심에는 사회복지사를 비롯한 여러 종사자들이 있습니다. 사회복지분야에서 일하려면 몇 가지 전제조건을 갖추어야 한다고 생각합니다. 그 어떤 분야보다 상호관계를 중요시 해야 하며 인간존엄을 실천해야 합니다. 저도 이 일을 하면서 얼마나 힘들고 어려운지 경험해왔습니다. 최근에는 대상자가 상해를 입힌다거나 위협하는 등 여러 악조건들도 경험하고 있습니다. 어떤 사람은 '자기들을 위해 일하고 있는데, 어떻게 우리에게 이럴 수가 있느냐'라고 반문하기도 합니다. 부디 선배로서 부탁 드리자면 인내와 인간애를 바탕으로 어렵고 힘든 현실을 슬기롭게 극복하자는 것입니다. 명확한 것은 우리가 맡은바 역할을 제대로 해내면 어렵고 힘든 사람들이 위로받고 그들의 삶이 변화된다는 것입니다. 우리가 하는 일이 얼마나 위대한지 생각해 주시고, 자부심을 가지시길 당부합니다. 우리가 있기에 오늘날 대한민국이 건재합니다.

제4대 한국재가노인복지협회장
김용년

■ **학력**

중앙대 사회복지학과 졸업

■ **경력**

前 한국사회복지사협회 이사
前 서울시사회복지사협회 부회장
前 은파복지사업소 소장
前 송파노인복지센터 소장
現 우리집·우리복지센터 원장

제4대 협회장 김용년

Q. 재가노인복지사업을 하시게 된 특별한 이유가 있었나요?

A. 한국사회복지협의회에 근무하면서 1988년 10월부터 6주 동안 일본 사회복지 연수프로그램에 참가했습니다. 연수목적은 자원봉사활동 활성화 방안에 대한 것이었습니다. 연수 기간에 일본 광역 및 기초단체 사회복지협의회, 복지사무소, 자원봉사센터 등 다양한 기관을 방문했는데, 그중 동경도 강동구의 한 자원봉사센터에서 노노케어 활동현장을 답사하게 되었습니다. 처음에는 두 분 모두 건강해 보이지 않아서 의아했지만, 시간이 지나자 누가 대상자이고 누가 봉사자인지 알게 되었습니다. 비록 자신도 건강하지는 않지만 좀더 어려운 이웃의 집에 찾아가 봉사하는 모습에 깊은 감동을 받게 되었고, 귀국 후 보건복지부에 자원봉사활동진흥법 제정을 건의하고 각 지자체에 자원봉사센터를 설치할 것을 요청했습니다. 다행히 그 이듬해에 각 시·도의 사회복지협의회의 지역복지봉사센터를 통해 종합사회복지관에 재가복지봉사센터를 설치하기에 이르렀고 1992년 사회복지협의회를 그만두고 새로운 직장을 찾던 중 일본연수기간동안 보았던 노노케어활동을 연상하며 1995년 사회복지법인 노인낙원 은파복지사업소 소장으로 입사함으로서 재가노인복지사업을 시작하게 되었습니다.

당시에 재가노인복지사업은 생소한 분야였는데, 어떤 사업부터 시작하시게 되었나요? 그리고 어떤 점이 가장 힘드셨나요?

 입사할 당시 은파복지사업소는 가정봉사원파견사업 설치 신고를 끝내고 보건복지부의 보조금 교부결정을 받은 상태여서, 대상자(어르신) 및 가정봉사원(자원봉사자) 발굴이 최우선 과제였습니다. 어르신 발굴은 구청 및 동사무소의 협조로 순조롭게 진행되었지만 가정봉사원 발굴은 말 그대로 하늘의 별따기였습니다. 당시 자원봉사에 대한 인식은 물론이고 일반국민들에게 '가정봉사원'이라는 말조차 생소했기 때문에 자원봉사자들 대부분이 시간이 날 때 시설을 방문하여 장애인, 노인 돕기를 희망했고, 개인활동보다 단체활동을 원했기 때문에 가정봉사원 확보가 어려운 실정이었습니다. 어렵게 확보된 가정봉사원도 앞에서 말한 이유로 활동기간이 타 분야보다 짧을 수밖에 없었습니다. 가정봉사원을 확보할 방안과, 가정봉사원의 사기, 자긍심, 소속감 등을 고취시켜 장기간 봉사활동에 참여시키는 것이 큰 지상과제였습니다.

 재가노인복지사업과 인연을 맺으신 후 어떤 사업들을 진행해 오셨나요?

가정봉사원파견사업을 수행할 때 부족한 가정봉사원의 공백을

줄이고 어르신들의 서비스 만족도를 높이기 위해 부가적 서비스제공이 절실히 요구됨에 따라 결연후원금 전달, 밑반찬 배달, 외식 제공, 경로잔치, 효도관광, 사랑의 집고치기사업 등을 진행했습니다. 이런 부가 서비스는 가정봉사원파견사업을 보완하는 수단으로 시작되었지만, 당시 대상자들은 신체적 어려움보다는 경제적으로 어려운 독거노인이 대부분이었기 때문에 주객이 전도되어 가정봉사원파견보다 부가 서비스를 더 선호했고, 거동불편 어르신에게 유급가정봉사원이 배치되면서 차츰 자원봉사형 가정봉사원이 설 자리가 줄게 되어 가정봉사원파견사업의 정체성이 흔들리기 시작했습니다.

부가 서비스 중 결연후원금 전달은 추후 한국재가노인복지협회에서 재가노인결연사업 추진본부를 설치하여 전국 사업으로 발전되었으며, 밑반찬 배달 역시 정부보조금이 지원되면서 대부분의 시설로 확대되었고, 사랑의 집고치기 사업은 LG복지재단과 공동모금회 지원사업으로 선정되어 은파복지사업소 주관으로 시행하다가 규모가 확대되면서 공동모금회에서 직접 사업으로 수행하게 되었습니다. 또한 효도관광은 공동모금회 지원을 받아 2000년 서울재가노인복지협회의 고향방문사업으로 발전시켰지만 공동모금회의 지속적 지원을 받지 못해 1회성 사업으로 종료되기도 했습니다.

1995년 12월부터 노인의 집(전세보증금 정부지원, 독거어르신 3-5인 거주)을 3개소 운영하였고, 1996년 4월부터 단기보호사업을 시작했습니다. 1996년에는 우리나라 최초로 전국에 단기보호시설을 5곳 개소했는데, 대부분 시설에 병설운영하는 형태였지만 은파복지사업소는 주거지역 내 단독주택을 임대하여 서비스를 제공함으로써 지역밀착형 소규모 시설의 효시가 되었다고 자부합니다.

당시 노인복지사업의 전반적 흐름은 어땠나요?

 1995년부터 2005년까지 약 10년간은 생활시설 중심에서 노인종합복지관과 같은 이용시설 및 재가노인복지사업으로 변화하는 시기였다고 생각합니다. 그중 노인종합복지관은 주로 지방자치단체가 건립하여 사회복지법인 등에 위탁하는 형태였습니다. 반면 재가노인복지 시설은 설치기준 등이 용이하여 사회복지법인 뿐만 아니라 학교법인, 종교단체 등 다양한 주체가 참여하여 가정봉사원파견사업을 중심으로 매년 50~100개소씩 늘어났지만 정부 예산지원이 뒤따르지 못해 미지원시설이 대량으로 속출하는 사태가 발생했고, 일부 지자체에서는 정부지원 기준을 무시하고 예산 쪼개기로 연간 1, 2천만원을 지원받는 시설이 양산되기도 했습니다.

2000년도 접어들어 서울과 경기도를 중심으로 주간보호시설이 대량 설치되면서 치매에 대한 관심도 늘어나 치매전문 주간보호시설이 설치되었습니다.

 특별히 기억나는 사람이나 관련 공무원이 있으신가요?
도움을 주었거나 힘이 되어주신 분들의 이야기를 부탁드립니다.

 먼저 80년대 말 우리나라 재가노인복지사업의 개척자이신 한국노인복지회 조기동 회장님, 은천노인복지회 이병만 회장님, 우리모두 복지재단의 故김준문 회장님 세분 모두 고령이었는데도 불구하고 우리에게 보여준 열정과 노력은 말로 다 표현할 수 없이 항상 감사드리며 기대에 부응하지 못한 점이 못내 아쉽습니다.

 회장님께서 하신 일 중 가장 대표적인 일은 무엇이었나요? 그리고 아쉬웠던 점이 있다면 말씀해주세요.

독거노인도우미사업을 시행함에 있어서 가정봉사원파견사업과 크게 다르지 않았고 가정봉사원파견사업의 경우 대부분 자원봉사자에 의존하고 있어 가정봉사원파견시설에 배치할 것을 보건복지부에 강력하게 건의했음에도 좌절되었습니다. 게다가 독거노인 안전 및 지원 서비스 사업으로 변질되기도 하고 노인돌보미 바우처제도를 시행함에 있어 가정봉사원파견서비스와 주간보호서비스를 이용할 수 있는 바우처제도를 정착시키지 못했을 뿐 아니라 엉뚱하게 사업수행기관으로 자활후견기관이 참여한다거나 주간보호시설을 배제한 채 가정봉사원파견시설 일부만 참여하는 결과를 초래하게 된 점입니다.

독거노인도우미와 노인돌보미 바우처는 향후 노인장기요양보험법 체계에서 재가노인복지시설이 복지서비스와 요양서비스를 동시에 수행할 수 있는 기틀을 마련할 수 있는 중요한 제도여서 반드시 관철시켰어야 했음에도 그러지 못한 점은 지금도 아쉬움을 금할 수 없습니다.

한편 장기요양보험제도가 도입될 때 재가급여 중심의 노인장기요양보험 제도를 구축하고자 온 힘을 다했습니다. 그 결과 장기요양보험대상자를 1, 2등급에서 3등급까지 확대하고 시설급여와 달리 재가급여 제공 시 본인부담금을 20%에서 15%로 인하하여 서비스 대상자 수를 늘리고 본인부담을 줄여 서비스 이용이 용이하도록 하였으며, 보험수가의 경우 시설급여와 방문간호는 3차 시범사업 때에 비해 7% 인상된 반면 재가 급여는 방문요양 10%, 주간보호 17%, 단기보호 11~23%로 대폭 인상함으로써 부족하나마 재가서비스 중심의 요양보험체계를 구축하였습니다. 또한 2007년 여름 불볕 더위 속에 회원들과 함께한 규탄대회와 단식투쟁, 1인 시위를 통해 방문요양서비스를 제공하는 재가노인복지시설의 사회복지사 정수 배치와 요양보호사의 관리책임자 자격요건을 5년 이상의 실무경험과 소정의 교육 수료자로 강화하는 쾌거를 이뤘습니다. 안타까운 것은 비록 개인 또는 영리사업자가 운영하는 재가장기 요양기관이라해도 방문요양서비스를 제공함에 서비스 질을 담보하고 고용 창출을 위해 사회복지사가 정수 배치되어야 함에도 보험 논리, 시장 논리에 밀려 필요수로 규정되었다는 점입니다.

 인생을 돌아봤을 때 가장 보람있었던 일을 꼽는다면 어떤 것이 있으신가요?

 한국재가노인복지협회장을 역임하는 3년 동안 누가 뭐라해도

원칙과 소신을 지키며 결코 부끄러운 일을 하지 않았고, 개인의 입신양명과 부귀영달을 꾀하지 않고 불의와 타협하지 않았습니다. 나보다 남을 위하고 내 시설보다 회원시설을 위하고 내 시설보다 어르신을 위하는 마음으로 일했습니다. 전국 각지를 다니며 회원들의 욕구를 파악하고 이를 실현하기 위해 나름대로 최선을 다함으로써 회장 선거 당시 공약사항을 99% 완수하고 협회장 임기를 마칠 수 있었던 것이 가장 큰 보람이었다고 생각하며 재임시절 물심양면으로 도움을 주신 모든 분들께 다시금 깊이 감사드립니다.

 Q 회장으로서 이루신 일들 중 가장 보람 있었던 일은 무엇인가요?

A 노인장기요양보험제도와 관련하여 회원시설의 경쟁력 강화를 위해 무엇보다 인프라 확충을 최우선으로 생각하고, 이를 위해 재가노인지원센터, 소규모요양시설, 노인공생활가정 등 새로운 형태의 시설을 창설하여 기능보강비를 확보하고, 농·어촌 종합재가노인복지시설의 지원 규모를 확대했습니다. 이는 기존 재가노인복지시설의 기능보강비 지원 사례가 전무한 상황에서 선택할 수 있는 유일한 방법이었다고 생각합니다. 하지만 사회복지재정이 지방으로 이양된 상황에서 지방자치단체를 설득하는 것은 쉬운 일이 아니었고, 게다가 기능보강비를 지원받으려면 부지를 확보해야 하기 때문에 기본 재산이 없거나 재정이 열악한 시설에는 도움이 되지 못한 것도 사실입니다. 그럼에도 불구하고

새로운 형태의 시설이 재가노인복지시설의 인프라를 구축하는 데 크게 기여했다고 생각합니다.

또한 재가노인복지서비스 향상을 위해 「재가노인복지서비스 매뉴얼」, 「요양보호사 교육교재」, 「노인체험용품」 등을 개발·보급하고 시설 종류별·이용 정원별로 예산을 차등화하고 운영비, 사업비를 분리함으로써 예산편성에 내실을 다졌습니다. 또한 전국재가노인복지대회 및 전국 재가복지봉사원대회, 노인의날 기념식, 실버축제한마당, 재가노인복지의 노래 제정 등을 통해 회원들의 하나됨과 재가노인복지 증진 및 일반국민의 재가노인복지에 대한 인식 개선에 기여했다고 생각합니다.

 마지막으로 후배들에게 조언 한 말씀 부탁드립니다.

협회장 당시 우수 프로그램 및 사례관리를 공모하여 책자로 발간하기도 했습니다만 재가노인복지사업을 수행함에 있어 사례관리는 아무리 강조해도 지나치지 않습니다. 하지만 아직도 재가노인복지시설 대부분이 사례관리에 소홀하지 않나 하는 생각입니다. 그러다보니 정작 필요한 서비스보다는 형식적이거나 틀에 박힌 서비스를 제공하는 경우가 생기지 않을까 우려됩니다. 철저한 사례관리 체계를 조속히 구축하는 것이 절실히 요구됩니다.

제5대
한국재가노인복지협회장
조남범

■ 학력

서울신학대학 사회사업학과 졸업
한양대학교 행정대학원 사회복지학과 졸업

■ 경력

前 마포재가노인복지센터장
前 서울시재가노인복지협회장(2대, 3대)
前 한국노인인력개발원장
現 경기도사회복지공제회 대표이사

interview

제5대 협회장 조남범

Q. 재가노인복지사업을 하시게 된 특별한 이유가 있었나요?

A. 1980년에는 한국노인복지회에서 처음으로 서울지역을 중심으로 재가노인복지사업을 시범적으로 실시하고 있었고, 80년대 후반 사회복지관에서는 가정조성사업이라는 이름으로 지역사회 중심의 재가복지사업을 실천하는 등 재가노인복지의 개념으로 사업을 진행하고 있었던 시기였습니다. 80년대 후반에 우리나라는 기존 생활시설 중심의 복지정책에서 지역복지와 재가복지 시대로 바뀌는 전환기적 상황이었습니다. 이를 고려하여 90년대 초 한국사회복지관협회 재직 시 협회차원에서 재가복지사업을 정책적으로 도입해 줄 것을 보건복지부에 건의하여, 1992년에 보건복지부가 62억원을 들여 전국적으로 재가복지봉사센터 144개소를 복지관 등에 설치(노인복지사업 기관 8개소, 사회복지관부설 105개소, 장애인분야 16개소, 사회복지협의회부설 15개소)하게 되었고, 사회복지관 부설 재가복지봉사센터 업무를 관리하면서 재가노인복지사업에도 관심과 애정을 갖게 되었습니다. 이후 사회복지관협회 퇴직과 동시에 1998년 8월부터 서울 마포구에서 치매노인주간보호소를 수탁받아 운영하면서 본격적으로 재가노인복지 실천현장에서 일하게 되었습니다.

당시에 재가노인복지사업은 생소한 분야였는데, 어떤 사업부터 시작하시게 되었나요?

주간보호소였지요. 1998년 당시만 해도 재가노인복지사업 기관은 지금의 재가지원센터(구. 가정봉사원파견센터)위주였고 주간보호시설은 그리 많지 않았던 시절이었습니다. 특히 서울에서는 선도적으로 치매노인주간보호소를 설치하는 시책을 추진했는데 제가 근무하고 있었던 공덕 치매노인주간보호소(현, 마포노인복지센터)는 서울에서 두 번째로 지정받은 치매노인 전문 주간보호소였습니다.

 재가노인복지사업과 인연을 맺으신 후 어떤 사업들을 진행해 오셨나요?

치매노인주간보호소 운영 3년 후부터는 치매노인 단기보호소를 설립하여 운영했으며 이후 가정봉사원파견센터를 설치하여, 당시 노인복지법에 명시된 모든 재가노인복지사업을 통합적으로 운영하게 되었습니다. 또한 여러 해 동안 치매노인 전문 시설을 운영하면서 치매노인을 돌보는 가족들에게도 지원체계의 필요성을 절실하게 느껴 마포구에서 예산을 보조받아 치매노인가족지원센터를 실험적으로 운영한 바 있습니다.

Q 재가노인복지사업을 하실 때 어떤 점이 가장 힘드셨나요?

A 처음 치매노인주간보호소를 운영했을 때는 시설 규모가 작고 치매노인만을 대상으로 했었기 때문에 예산이나 치매에 대한 전문성 및 식견의 부족 등으로 많은 시행착오와 어려움이 있었습니다. 그리고 주간보호소가 무엇인지도 잘 모르던 시절이었기 때문에 치매노인을 부양하는 가족들이나 이웃들에게 시설을 알려서 이용하도록 하는 것이나 치매노인에 대한 선입견 등 치매에 대한 인식 부족 때문에 힘들었던 것이 기억납니다. 그때만 해도 우리나라 사회복지는 전환기적 시점이어서 재가복지에 대한 지역사회의 개념과 인식 등이 많이 부족했던 시절이었으니까요.

 Q 당시 노인복지사업의 전반적 흐름은 어땠나요?

A 앞서 언급하였듯이 1992년에 전국적으로 재가복지봉사센터 144개소가 설치될 당시만 해도 재가노인복지사업을 수행하는 노인복지기관(노인복지관 포함)은 8개소에 불과했는데, 노인인구가 증가하고 여성의 사회활동이 늘어나며 노인부양의 사회적 책임 등이 강조되면서 노인복지기관 인프라가 급격히 증가하는 시기였습니다. 특히 '1992년부터 재가복지봉사센터(노인분야에서는 가정봉사원파견센터라 칭함)에 보조

금이 지급되기 시작하고 적정 규모의 사무실만 있으면 설치할 수 있는 가정봉사원파견센터가 급증하기 시작하던 시기이기도 했습니다.

**Q 특별히 기억나는 사람이나 관련 공무원이 있으신가요?
도움을 주었거나 힘이 되어주신 분들의 이야기를 부탁드립니다.**

2008년 3월에 한국재가노인복지협회 회장 취임 이후 8월부터 시행이 예정되었던 노인장기요양보험제도에 대해 참으로 많은 고민이 있었습니다. 비합리적인 시뮬레이션을 기반으로한 재가노인복지시설 보조금 지급을 중단하고 요양보험제도를 실시하겠다는 정부의 확고한 방침을 수정해야하는 과제는 그리 만만한 작업이 아니었기 때문이었습니다. 이런 상황에서 당시 김성이 장관은 정부의 정책입안자들에게 협회와 재 소통할 것을 지시했고 이를 계기로 협회 임원들과 보건복지부 정책 입안자들의 수차례의 토론과 논쟁 끝에 우리의 입장을 설득할 수 있었습니다. 이는 보조금의 일부 존치로 이어져, 만족할 만한 조건은 아니었지만 노인장기요양보험 제도의 연착륙과 지금의 재가노인지원 서비스가 만들어 질 수 있었던 기반이 되었다고 보고 있습니다. 당시 김성이 장관을 비롯하여 거명할 수는 없지만 노인장기요양보험제도 정책 입안자들이 기억에서 사라지지 않고 있습니다.

회장님께서 하신 일 중 가장 대표적인 일은 무엇이었나요? 그리고 아쉬웠던 점이 있다면 말씀해주세요.

우선 사회복지관협회 재직 시 1997년도 사회복지관의 예산을 30% 증액하고 이를 직원들 인건비에 반영하여 약 27%의 임금인상을 관철시켰던 일과, 재가노인복지센터 재직 당시 구의 예산을 확보해서 치매가족지원센터를 만들고 치매노인가족교육, 상담, 지지 등의 사업을 시범적으로 운영했던 것을 들 수 있습니다. 아쉬운 점은 재가노인복지사업이 독립적이고 전문적으로 운영될 수 있도록 재가노인복지센터 건립비를 지원할 수 있게 추진하려 했지만, 결실을 맺지 못한 것이 아쉽습니다.

 인생을 돌아봤을 때 가장 보람있었던 일을 꼽는다면 어떤 것이 있으신가요?

글쎄요. 공적인 것인지 사적인 것인지 잘 모르겠지만 개인적으로 성장하는 과정에서 도움을 받던 입장에서 누군가를 어떤 형태로든 돕고, 도울 수 있는 사회복지사로 변화해 있다는 것이 보람이라고 생각합니다.

회장으로서 이루신 일들 중 가장 보람 있었던 일은 무엇인가요?

앞서 말한 것처럼 1년도 채 안 되는 임기였지만, 보조금의 일부 존치를 통해 재가노인복지시설이 요양보험제도 하에서 연착륙 할 수 있게 노력하겠다는 회장 선거 시의 약속을 지킨다는 것은 보람이었다 기보다 오히려 하나의 두려운 사건으로 기억됩니다.

서울시재가노인복지협회 회장직을 6년간 맡으면서 협회를 서울시와 노인복지정책을 함께 의논하고 협의하는 단체로 인식하도록 했던 것이 가장 큰 보람인데요, 지금은 서울시복지재단에서 평가를 진행하지만, 그때 파격적으로 평가지표와 평가단 등을 협회 주도로 무리 없이 진행했고, 이를 계기로 재가노인복지협회에 대한 서울시의 인식이 많이 달라지게 되었습니다.

또한 한창 새롭게 생겨나는 재가노인복지시설의 기틀을 다질 수 있는 기반을 만들었다는 점을 지금도 보람으로 생각하고 있습니다.

 마지막으로 후배들에게 조언 한 말씀 부탁드립니다.

조언할 수 있는 입장과 위치는 아닌 것 같습니다. 아직도 재가노인복지사업의 현실이 어렵고 척박하다는 것을 알고 있습니다. 하지만 시간이 흐르고 세월이 지나 초고령사회로 갈수록 재가노인복지사업이 우리나라 사회복지의 절대적 비중을 차지할 것은 자명한 일이라고 생각합니다. 현재 재가노인복지분야에서 일하는 종사자들의 역할이 더 커질 것이라고 여겨집니다.

현실은 차갑고 냉엄해서 마치 얼어붙은 강 같지만 얼음 아래로 물은 흐르듯 재가노인복지의 역사도 흐르고 있는데 이런 역사 속에서 의미를 찾고 사명을 지켜나갈 수 있기를 기대합니다.

제6, 7, 8대
한국재가노인복지협회장
김지영

■ 학력

한양대학교 신문학과 졸업
한양대학교 대학원 신문학과 졸업
일리노이대 주립대(시카고) 대학원
Mass Communication 전공
한국보건사회연구원 사회복지사 양성과정

■ 경력

現 사회복지법인 영산 사무국장
現 강남노인복지센터 소장
現 한국여학사협회 부회장

제6, 7, 8대 협회장 김지영

 Q. 재가노인복지사업을 하시게 된 특별한 이유가 있었나요?

 A. 저는 학교에서 정식으로 사회복지를 공부한 사람이 아니라 현장에서 일하는 데 필요해서 사회복지사 자격증을 딴 사람입니다. 1983년 시아버지가 돌아가시면서 굶는 노인들이 많으니 밥해 주는 일을 할 수 있었으면 좋겠다는 단순한 말씀에 사회복지법인을 만들게 되었습니다. 그 후 제가 그 일을 맡게 되면서 단기로 사회복지를 공부하게 되었습니다. 그래서 항상 많이 부족하다는 것을 누구보다 잘 알고 있습니다.

Q. 재가노인복지사업 중 어떤 사업부터 시작하시게 되었나요?

A. 처음에는 주변의 힘든 어르신을 돕는 일이 재가노인복지사업이라고 정의되는지 조차 잘 몰랐습니다. 조남범 회장님을 우연히 알게 되어 이것저것 물으며 가정봉사원파견센터 설치신고를 했지만 보조금 받는 사업은 하지 않았습니다. 지금도 저는 노인복지법으로 규정된 재

가노인복지사업보다 특성화된 사업들을 더 많이 진행하고 있습니다. 다만 법인이 원래 설립된 목적대로 법인의 규모를 키우는 일보다는 주변의 어려운 어르신을 챙기는 소소한 일에 집중하고 있습니다.

 재가노인복지사업 경험도 일천하고 법인 규모도 크지 않은데 회장이 되셨네요?

 네. 사실 여러 인연이 겹쳐서 그렇게 된 것 같습니다. 조남범 회장님과의 인연으로 회장 출마 때 찬조 연설을 했고, 당선 후 조 회장님이 구성한 이사회에 부회장으로 참여하게 되었습니다. 그리고 아시다시피 조 회장님이 임기를 끝마치지 못하고 자리를 옮기게 됐는데 부회장 중 연장자가 잔여 임기를 맡게 됐고 그때 제가 연장자였기 때문에 일말의 책임이 있다고 혼자 생각했습니다(웃음). 그리고 잔여임기를 수행한 후 딱히 나서는 분이 없어서 오늘까지 오게 됐습니다.

 회장으로서 어떤 점이 가장 힘드셨나요?

물론 노인장기요양보험 도입과 회원기관들의 동요입니다. 노인장기요양보험은 많은 논의들이 진행되었음에도 최종 결정 단계에서는 인프라 부재에 대한 걱정 때문에 번번이 차선책으로 번복되곤 했습니다. 그 결과 학계와 행정분야, 현장 모두 노인장기요양보험이 마치 재가노인복지사업 전체를 대체하는 것처럼 오해하게 되어서 혼란이 극심했습니다. 그런 와중에 재가노인복지사업의 기능과 역할을 정립해 나가야 하는 과제가 참 버거운 숙제였습니다.

 Q 당시 노인복지사업의 전반적 흐름은 어땠나요?

A 노인돌봄 관련 사업들이 막 소개되기 시작했습니다. One-Stop 노인지원센터가 소개 되었다가 이후에 독거노인지원센터로 정리되면서 노인돌봄 기본사업을 수행하게 되었고, 바우처사업 등 사회서비스들이 활발하게 현장으로 내려오는 등 여러 가지가 정리되지 못한 상황에서 각종 사회서비스 사업의 수행 주체에 대한 혼란이 많았습니다. 일례로 독거노인지원사업은 재가 중심의 사업이 되어야 했음에도 불구하고 공간 제약 등으로 노인복지관이 우선 집행 기관이 되었고 후에 독거노인중앙지원센터가 노인복지관협회로 가게 되어서 그 후 지속적으로 우리 협회의 재가지원서비스사업이 제한적 역할만 하게 되는 뼈아픈 결과를 낳게 되었습니다.

회장이 되신 후 협회에서는 어떤 사업들을 진행하셨나요?

장기노인요양보험이 도입되기 이전부터 보건복지부와 협회는 많은 간담회를 갖고 의견교환을 했습니다. 장기요양보험을 시행하면서 국가도 인프라에 대한 걱정이 많았고, 저희 협회의 회원기관들은 가정봉사원파견사업, 주간보호, 단기보호 등 시범사업 때부터 주도적인 역할을 해왔기 때문입니다. 복지부는 민간참여를 독려하는 한편 협회와의 간담회에서 가정봉사원파견사업과 방문요양을 병행하여 존치하고 주간보호와 단기보호는 장기요양보험의 주간보호와 단기보호로 전환하라고 권고 했습니다. 이런 내용에 대해서는 조남범 前 회장님이 자세히 말씀하셨을 것이라고 생각합니다만 노인복지법의 방문요양이라는 용어와 장기요양보험법의 방문요양이 동일한 것으로 해석되면서 그 후 심각한 혼란이 일어났습니다.

 구체적으로 어떤 혼란이었나요?

몇몇 지자체에서 재가노인복지사업이 모두 장기요양보험사업으로 전환되었으니 더이상 보조금을 지원하지 않아도 된다고 해석했습니다. 저희 협회는 노인복지법의 방문요양은 가정봉사원파견사업을 의미한다고 주장했지만 같은 단어를 다르게 해석하는 것 때문에 많은 혼란과

갈등이 빚어졌습니다. 그 결과 보건복지부와 함께 다시 의논하여 노인복지법의 재가노인복지사업에 재가지원서비스를 추가할 수 있었습니다.

 특별히 기억나는 사람이나 관련 공무원이 있으신가요?

 재가지원서비스를 노인복지법에 추가하는 과정에서 많은 난관이 있었습니다. 여러 연구자들도 장기요양보험이 돌봄이 필요한 노인을 충분히 감당할 수 있다고 생각했지만 보험료의 소액 징수와 대상자가 중증 소수자로 한정되면서 오히려 사각지대에 놓인 노인들이 발생했습니다. 협회는 사각지대 해소를 위해 보건복지부를 설득했고 김일열 사무관이 많은 조사 끝에 재가지원서비스를 노인복지법에 포함시킬 수 있었습니다. 그래서 김 사무관이 기억에 남습니다. 노홍인 노인복지정책관도 사회안전망 구축에 재가노인복지기관의 역할을 믿고 밀어주셔서 감사했습니다.

 회장님께서 하신 일 중 가장 대표적인 일은 무엇이었나요? 그리고 아쉬웠던 점이 있다면 말씀해주세요.

개인적으로는 사회복지사업을 할 때 소명의식을 갖고 시작한 것이 아니어서 항상 제가 해야할 일을 하고 있다는 정도로만 생각하고 있습니다. 흩어져 있는 재가노인복지사업을 하나로 묶으려 했던 노인통합지원센터 운영과, '놀이터, 쉼터, 일터'를 통합한 경로당 모델 시도, 그리고 장기요양사업과 지역복지사업을 연결하는 지역자원연계사업 등을 해보았는데 결과적으로는 지금도 미완성 진행형이어서 결론지어 말하기는 이른 듯합니다.

 인생을 돌아봤을 때 가장 보람있었던 일을 꼽는다면 어떤 것이 있으신가요?

 매년 새해가 되면 '올해가 내 인생 전성기의 원년이다'라고 다짐하곤 합니다. 그래서 가장 보람있는 일은 아직 이루지 못했고 아마도 올해 하는 일 중에 보람있는 일이 생기기를 기대합니다.

 마지막으로 후배들에게 조언 한 말씀 부탁드립니다.

 회장이 되어서 좋았던 점은 첫째 '혼자서는 아무것도 할 수 없구나' 하는 것을 깨달은 것이고, 둘째 '매일 매일 배울게 있구나' 하는 것,

셋째 지회를 다니며 '우리나라가 참 아름답구나' 하는 것이었습니다. 백 살까지 사는 게 좋은 게 아니라 좋은 사람으로 살 수 있도록 배우는 시간이 넉넉해지고, 좋은 사람이 될 수 있는 기간이 많이 주어진 것에 대해 감사하게 됩니다. 어려운 여건에서 고군분투하고 있지만 우리는 모두 좋은 사람임을 잊지 맙시다.

재가노인복지연구소 연구소장
김미혜

■ 학력

이화여자대학교 석사
Ohio State University 석사
Ohio State University 박사

■ 경력

前 한국노년학회 회장
現 이화여자대학교 사회복지학과 교수
現 이화여자대학교 사회복지전문대학원 원장

연구소장 김미혜

 Q 먼저 소장님과 참여 교수님들 소개 부탁드립니다.

 A 재가노인복지연구소는 초기에 '재가노인복지연구회'라는 이름으로 조기동 前 회장님이 모임을 주도하셨고 참여자를 섭외하신 것으로 기억합니다. 성공회대학교의 故이해원 교수와 간호분야 전문가가 필요하다는 생각에 초당대학교 조유향 교수를 모셨고 이후 사회복지학계의 여러 교수님들, 현장의견 수렴을 위한 회원기관 종사자들과 함께 했습니다. 정확하진 않지만 2003년 이전에 성결대학교 임병우 교수, 보건사회연구원의 선우덕 박사, 꽃동네대학교 조추용 교수가 합류하였고 김용년 회장님 때 조선대학교 노인복지센터 전성남 소장이 합류했습니다.

 Q 어떻게 재가노인복지연구에 참여하게 되었나요? 재가노인복지에 관심을 갖게 된 동기가 있나요?

A 미국에서 박사학위를 끝내고 우연한 기회에 조기동 회장님을

뵙게 되었는데 그 자리에서 회장님께서 '젊은 학자들이 노인복지 연구에 앞장서 주었으면 한다. 그리고 재가노인복지협회에 연구모임을 만들고 싶다'며 저에게 연구회 모임을 함께하자 하셔서 시작하게 되었습니다. 사실 그때는 입국한 지 얼마 되지도 않았고 어르신 말씀에 '못합니다' 라고 거절할 수 없어서 시작하게 되었습니다. 그때는 갓 미국에서 돌아왔고 박사 논문의 주제는 '은퇴'였기 때문에 재가노인복지에 대해서는 잘 몰랐습니다. '미국의 홈케어와 비슷하지 않을까'하는 정도의 지식만 있었는데 활동하면서 더 관심을 갖게 되었습니다.

 그간 어떤 연구들이 진행되었는지 간단한 소개 부탁드립니다.

처음에는 주로 책자 만드는 일을 했습니다. 자원봉사원이 가지고 다니면서 볼 수 있는 노인수발활동에 대한 그림책, 재가노인복지 용어 정리집, 재가노인복지시설 직원교육 자문 및 강의, 각국의 재가노인복지 비교, 재가복지 10년사와 연간 협회 보고서 발간을 위한 설문지 개발과 조사연구 등을 진행했습니다. 1년마다 발간하려던 재가노인복지 연구 보고서는 협회 회장님이 바뀌면서 지속되지 못했습니다. 김용년 회장님 때 재가노인복지연구소로 활동하게 되었고 협회나 외부 지원을 받아서 연구를 진행했지요. 그리고 『재가복지론』을 발간했습니다. 초기에는 협회와 관련하여 내적인 활동을 하고, 이후에는 활동지평을 넓혔습니다.

한달에 한번이라도 전국에 계신 교수님들이 매번 모이기 쉽지 않았을 텐데 그동안 어려웠던 일은 없으셨나요?

저도 어떻게 여기까지 왔는지 새삼 놀라워요. 조유향 교수와 제가 초창기 멤버였고 나중에 임병우 교수, 조추용 교수, 전성남 소장이 합류하여 지금까지 유지되고 있습니다. 한 달에 한번 있는 모임이 버거웠지만, 초기에는 조기동 회장님이 워낙 열심이셨고 본인이 일을 만들어 주셔서 즐겁게 했던 것 같아요. 윤동성, 조성철 회장님을 거쳐 김용년 회장님 때는 재가노인복지연구회를 조정하여 재가노인복지교육원과 재가노인복지연구소로 분리했는데 저희 일 대부분을 재가노인복지교육원에 이양했기 때문에 모임의 정체성이 흔들리기도 했습니다. 김지영 회장님 때는 연구소 주관으로 보건복지부 연구용역을 수행하는 등 재가노인복지 연구의 구심점으로 자리잡게 되었습니다. 결국 협회장에 따라 연구소 성격이 달라지긴 했지만 여기까지 진행될 수 있었던 것은 재가노인복지에 대한 참여자들의 책임감과 열정 덕분이지 않았나 생각됩니다.

 특별히 기억나는 협회 관련 인물이 있으신가요?
도움을 주었거나 힘이 되어주신 분들의 이야기를 부탁드립니다.

 우선 조기동 회장님을 빼놓고 이야기 할 수 없지요. 재가사업을 발전시키고자 하는 마음과 회장님의 열정이 우리를 여기까지 이끌었던 것 같네요. 초창기 멤버인 故이해영 교수님은 학교를 옮기면서 교육영역을 노인에서 아동으로 바꾸시게 되어 저희와 함께 하지는 못했습니다. 아직도 교수님의 새초롬한 모습이 생각납니다. 노인분야에서 일 하셨다면 정말 잘 하셨을 거라는 생각에 마음이 짠합니다.

 소장님께서 하신 일 중 가장 대표적인 일은 무엇이었나요? 그리고 아쉬웠던 점이 있다면 말씀해주세요.

 재가노인복지 초창기에 가정봉사원 교육 자료를 만들었던 것이 나름 보람된 일이었고 이후 10여 년간 재가복지사업 변화에 적극 관여하지 못한 것이 못내 아쉽습니다. 재가노인복지사업의 정체성에 대한 고민은 했지만 재정의를 위한 연구를 더 했다면 좋았을 것이라는 생각이 듭니다.

 마지막으로 한국재가노인복지협회 회원들에게 조언 한 말씀 부탁드립니다.

재가복지사업은 고령화사회 속에서 계속 확장될 수밖에 없는

영역이기 때문에 어떤 비전을 품고 나가야 하는지 고민해 봐야 할 것입니다. 재가노인 돌봄이라는 큰 틀에서 어떤 역할을 새로 해야 할지 협회차원에서 기관들 간의 합의점을 이끌어내야 합니다. 현재 노인돌봄 정책이 장기요양사업과 노인복지법의 재가사업으로 이분화 되어 대상자가 나뉘고 재정도 나뉘져 있어 제도적 변혁이 필요하다 생각합니다. 장기요양보험제도와 어떤 관계를 맺어야 하는지, 그것을 위해 어떤 전략이 필요한지, 무엇을 준비해야 할지, 협회를 중심으로 회원시설이 단합하여 풀어나가야 한다고 생각합니다.

한국재가노인복지협회 고문
이병만

■ 학력

기드온신학교 졸업
일본 상지사회복지전문학교 졸업
한영신학대학원 졸업

■ 경력

前 서울기도원 원장
前 은천노인상담소 소장
前 중부노인종합복지관 관장
現 사회복지법인 은천복지재단 대표이사
現 은천노인복지회 회장

협회 고문 이병만

 재가노인복지사업을 하시게 된 특별한 이유가 있었나요?

 1983년부터 3년간 일본에서 사회복지를 공부했지만 사회복지 분야에서 일할 생각은 없었습니다. 공부하는 내내 기도원 건축을 준비하고 있었는데 그 부지를 사격 훈련장으로 사용한다며 팔라는 국방부 통보를 받았습니다. 기도원 건축이 무산되자 잠시 일본에 머물며 '어떻게 해야 하나' 고민하던 중에 지하철을 타고가는데 한국 노인의 초라한 모습이 환상처럼 스쳐 지나갔습니다. 그것을 보고 제 마음이 움직였습니다. '그래, 한국 노인들을 위해 헌신하자'고 결심하고 귀국해서 '은천노인상담소'를 개소하고 재가노인복지에 첫 발을 내딛게 되었습니다.

 당시에 재가노인복지사업은 생소한 분야였는데, 어떤 사업부터 시작하시게 되었나요?

 사회복지를 공부하면서 일본의 사회복지실천 현장 이곳저곳을 견학할 기회가 있었습니다. 당시 한국에는 재가노인복지라는 용어도 없던 시기였지만(1993년 2차 노인복지법 개정 시 재가노인복지 명시) 이미 일본에서는 재가노인복지가 활발하게 이뤄지고 있었습니다. 여러 가지 사업 중 데이케어서비스센터가 가장 기억에 남습니다. 머지않은 10년, 20년 후 한국에서도 국가적인 정책 사업이 될 것이라는 사회현상을 읽을 수 있었고, 데이케어서비스센터가 우리나라 실정에 꼭 필요한 프로그램이 될 것이라는 확신을 갖게 되었습니다. 돌아와서 노인복지 실태조사를 해보니 노인들을 위한 프로그램으로 노인대학을 운영하고 있었으며 프로그램 수준은 댄스 프로그램 정도였고, 노인정에서는 술을 마시고 화투를 치며 소일하는 수준이었습니다.

1986년 10월 15일 동대문구 장안동에 은천노인상담소를 열고 노인상담과 종교활동 프로그램을 시작했습니다. 구체적으로 '무엇을 어떻게 시작해야 할까?' 라는 의문은 노인들과의 소통을 통하여 프로그램을 개발하면서 곧 풀리게 되었습니다. 일단 공원에서 배회하던 노인들을 대상으로 가장 필요한 것이 무엇인지 욕구를 분석해보니 한결같이 '돈'이라고 말했습니다. 그래서 용돈벌기(봉투 만들기, 젓가락 끼우기 등) 프로그램으로 소일거리를 제공하고, 또한 점심을 굶는 노인들이 많아 무료급식사업과 무의탁 노인들에게 용돈주기사업(결연을 통한 5,000원 용돈주기사업)도 시작했습니다. 돈이 없어서 병원에 가지 못하는 노인들을 위해 각 지역 교회에서 의료봉사자를 발굴하여 보건의료서비스와 같은 단위사업을 실시했고, 이것을 바탕으로 수혜 노인 증가와 욕구의 다양성을 고려하여 주간보호사업과 가정봉사원파견사업으로 분류하고, 건강한 노인들과 건강하지 못한 노인들이 참여할 수 있는 2개의 축으로 이원화하여 다양한 복지 프로그램을 개발 및 제공했습니다.

Q 재가노인복지사업과 인연을 맺으신 후 어떤 사업들을 진행해 오셨나요?

A 1986년에 은천노인상담소를 열고 상담소에서 주간보호사업과 가정봉사원파견사업을 시범적으로 진행했습니다. 1987년 2월 2일에 동대문구청으로부터 정식으로 허가를 받아 1989년 4월 24일에 은천노인상담소에 최초로 정부 보조금이 지원되었습니다. 1991년 12월 30일 상담소를 재가노인복지사업으로 확대·개편하여 다양한 재가노인복지사업을 실시했습니다. 1992년 2월 6일 명칭을 은천노인복지회로 바꾸고, 정부 보조금을 받아 본격적인 재가노인복지 프로그램을 개발하고 실시하였습니다(세부적인 단위사업은 아래의 내용 참조).

1) 주간보호소사업 실시(1986년 10월 15일 자부담 실시)

- 1986년 10월 15일부터 무료급식(64명)
- 1987년 무료급식 제공, 소일거리(용돈벌기사업), 거리청소, 야유회, 미용, 한방 공예, 종교, 위안잔치(연 인원 2,431명) ⇒1990년 정부보조금 급식프로그램 실시
- 1988년 치과 종합의료 노인정프로그램 (연 인원 3,447명)
- 1991년 집 잃어버린 치매노인 및 학대받는 노인 일시보호소 개설
- 1992년 10월 5일 은천주간보호센터 허가(정부보조금 지원)

2) 가정봉사원파견사업 실시(1986년 10월 15일 자부담 실시)

- 1986년 10월 15일 결연노인, 결연금 지급, 봉사자 가정방문(인원-172명)
- 1987년 생일잔치, 나들이(무의탁노인), 주거환경개선, 노인과 봉사자 연결, 봉사자가정방문, 어린이가정봉사원, 봉사자교육과 소모임, 바자회 (인원 2,089명)
- 1988년 어린이봉사자 활성화(어린이봉사자명칭 새싹회 324명), 대학생봉사자 156명, 어른봉사자 359명, 봉사자 일본연수 3명, 은천소식지 발간
- 1992년 1월 1일 은천가정봉사원파견센터 허가(정부보조금 지원)
- 밑반찬 배달사업 시작(자부담) ⇒1996년 1월 1일 도시락 및 밑반찬 배달사업(정부지원) ⇒1997년 1월 9일 도시락 배달사업을 밑반찬 배달사업으로 통합하여 확대지원(정부 보조금 지원) ⇒2001년 6월 1일 도시락 (월-토요일)배달사업(정부지원)

3) 은천고령자취업알선 사업 실시(정부 보조금 지원)

- 1992년 7월 1일 은천고령자취업알선센터 개소(서울시 보조금)
- 1998년 직업소개소 허가
- 1996년 10월 15일 노인의 집 개소(동대문구 중랑구 각각3개소)
- 1999년 12월 30일 노인의 집 위탁운영체결

4) 은천단기보호센터 개소(정부지원)

- 1996년 1월 3일 치매노인 단기보호 프로그램 시범 실시

- 2003년 3월 25일 은천치매노인단기보호센터 기능전환 ⇒ 은천실비노인요양센터

5) 지방분소 재가노인복지사업 실시

- 2005년 11월 25일 전북 익산 황등 분사무소 설치
- 2005년 12월 7일 상주가정봉사원파견센터 설치 허가(상주시청)
- 2006년 4월 20일 문경가정봉사원파견센터 설치 허가(문경시청)
- 2006년 6월 22일 정산가정봉사원파견센터 설치 허가(청양군청)
- 2008년 7월 이후 지방분소 재가노인지원센터로 개편

6) 집단 급식소 설치 허가

- 1998년 7월 13일 무료급식소 설치 허가

Q 재가노인복지사업을 하실 때 어떤 점이 가장 힘드셨나요?

A 1980년대에 사회복지사업이라고 하면 일반적으로 노인을 위한 양로원, 소수의 요양원과 아동을 위한 고아원(보육원)사업 정도로 인식하고 있던 시기였습니다. 1986년에 재가노인복지사업을 하기로 결심하고 관련학과 교수들과 사회복지사업에 몸담고 계신 분들에게 자문을

구한 적이 있습니다. 대부분이 한국에서 재가노인복지는 시기상조라고 하셨고, 단 두 사람만 열심히 해보라며 긍정적으로 지지해 주습니다. 당시에 재가노인복지를 하겠다고 하자 모두들 실패할거라고 부정적으로 이야기했습니다. 어떤 분은 재가복지사업이 성공하면 내 손에 장을 지지겠다는 극단적인 표현까지 써가며 부정적으로 말하기도 했습니다. 저에게 큰 힘이 되어 준 후원자들과 조력자들도 "재가복지가 뭔데?"라며 의문을 표했고, 돕겠다는 분은 적었고 힘들다며 반대도 많았습니다. 가장 큰 힘이 되어준 후원자와 조력자가 제 곁을 떠나가는 아픔도 겪었습니다. 본 사업이 국가에서 정책적으로 시행되기까지 거의 5년 정도 재가복지사업에 대한 인식 개선을 위해 교육하고 홍보하는 일이 가장 힘든 과정이었습니다.

 당시 노인복지사업의 전반적 흐름은 어땠나요?

A 1980년 노인복지법이 만들어지기 전, 우리나라 노인복지사업은 시설 중심의 무의탁노인 양로사업과 요양사업 외에 재가노인에 대한 복지는 전무하던 시기였고, 일반노인이 복지수혜 대상자라는 인식은 거의 찾아볼 수 없었습니다. 노인복지 문제는 각 가정에서 자체적으로 해결해야 했고, 무의탁노인이나 양로시설에 입소시키는 수준이었습니다. 80년대 중반이 되어서야 시설보호 중심에서 가정보호 및 가정지원으로 전환되어야 한다는 필요성이 제기되기 시작했고, 1989년 12월 제1차

노인복지법 개정을 통해 '가정봉사사업'이나 '재가노인'이라는 용어가 처음 사용되고 1992년부터 여러 가지 형태(주간보호사업, 단기보호사업 등)의 재가노인복지사업이 시작되었습니다. 당시에 우리는 재가복지에 대한 법적·제도적 근거가 전무한 상태에서 그때그때 노인들이 절실히 필요로 하는 부분들을 프로그램화하여 하나하나 사업으로 진행시켰습니다.

Q 특별히 기억나는 사람이나 관련 공무원이 있으신가요?

A 제가 처음 노인복지를 시작할 때부터 지금까지 물심양면으로 지지해 주셨던 다섯 분의 공로자가 있습니다.

첫 번째 공로자는 사회복지와 노인복지계의 대선배이신 故김용성 장로님입니다. 이분은 당시 한국사회복지시설협회 회장이셨고 사회복지법인 자선단, 화봉복지재단 이사장으로 우리나라 사회복지를 선도하고 계셨습니다. 제가 노인복지를 할 수 있도록 제도적으로 뒷받침 해 주시고 충고를 아끼지 않으셨습니다. 사회복지법인 은천복지재단이 설립되기 전까지(1993년 4월 1일) 은천노인상담소를 사회복지법인 화봉복지재단과 자선단에 소속시켜 일할 수 있는 터전을 마련해 주셨습니다.

두 번째는 저의 은사님으로, 전 일본상지대학 사회복지학과의 마츠모토 에이지松本榮二 교수님입니다. 유학시절 저의 보증인이 돼 주셨고 한국에 돌아와서 노인복지를 할 수 있도록 모든 자료와 정보를 제공해 주셨습니다. 또한 저희 직원들에게 유학이나 견학 기회를 제공하여 은천노인상담소가 발전하는 일이라면 무엇이든지 아낌없이 도와주셨습니다.
세 번째는 마츠모토 교수님을 통해 알게 된 前 강남대학교 사회복지학과 김영호 교수님입니다. 김영호 교수님은 사모님과 함께 제가 복지를 시작했을 때부터 지금까지 자문활동 및 후원, 자원복지 활동원으로 도와주고 계시며, 은천노인복지회 발전에 크게 공헌하신 분입니다.
네 번째는 보건복지부의 김명숙 국장님(前 보건복지부 가정복지과 심의관)입니다. 일본에서 한·일모자원 세미나(1986.9.5) 때 만나 보건복지부 부녀복지과 과장으로 재직할 때부터 가정복지심의관(국장)으로 퇴직할 때까지 은천노인복지회 발전에 인적·물적·행정적 지원을 아끼지 않으셨습니다.
다섯 번째는 김광림(前 재정경제부 차관, 세명대학교 총장) 現 국회의원님입니다. 김광림 의원님은 은천노인복지회 복지사업 초기부터 지금까지 도와주신 공직자신데 재정경제부 차관을 끝으로 공직에서 물러나 현재 경북 안동시를 대변하는 국회의원입니다. 은천노인상담소를 개소하고 재가노인복지를 시작한지 얼마 안 되어, 복지관련 일을 하면서 모아둔 사진들을 슬라이드로 제작하여 일본에서 다녔던 한인동경교회에서 간증(1987년)한 적이 있었습니다. 그 자리에 김광림 과장님(당시는 경제기획원 예산국 문화예산과 과장)도 계셨는데 당시에 저는 경제기획원이 어떤 곳인지도 몰랐고 그분이 당시 무슨 일을 하시는 분인지도 몰랐습니다. 간증을 마치고 잠깐 인사를 했는데 수고한다며 '귀국하면 도와드릴 일이 있을 것'이라며 명함을 교환하고 헤어진 후 그 만남은 까마득히 잊고 있었습니다. 그런데 1988년 4월에 전화 한통이 걸려 왔습니다. 일본에서 만났던 김광림이라고 소개하면서 도와줄게 있느냐고 물으셨습니다.

그 때부터 기회만 있으면 찾아뵙고 재가노인복지의 필요성을 열심히 설명하고 현장의 애로사항을 전달했습니다. 거의 3년 간 정부의 재정적 지원없이 오로지 지역사회 자원과 후원에 매달려 일 하고 있을 때였습니다. '내가 복지예산과 과장과 면담 자리를 마련할테니 재가복지의 필요성에 대해 잘 설명해주십시오' 라고 하셔서 경제기획원 복지예산과 과장님과 면담 기회를 갖게 되었습니다. 떨리는 마음으로 재가복지의 정책적 필요성과 예산지원의 당위성을 조목조목 설명했습니다. 그 이후 1992년부터 주간보호사업에 정부예산이 지원되었고, 전국 단위 재가복지사업을 146개소로 확충하는 데 중추적 역할을 해 주셨습니다. 특히 주간보호사업은 김광림 의원의 노력으로 예산을 확보하게 되었고 주간보호사업이 승인되면 예산지원 뿐 아니라 봉고차 한 대도 같이 지원하는데 그것 역시 김광림 의원님의 역할이 컸습니다. 당시에 사회복지법인 재산 목록에 임야와 대지는 등록할 수 있었지만 논밭은 불가능하던 때였습니다. 법적 근거가 없어서 사회복지법인 은천복지재단에 출연한 논밭을 등록하지 못하고 있을 때, 사회복지법인 재산에 논밭을 편입할 수 있도록 법적·제도적 문제를 해소하는 데 큰 역할을 해주셔서 1995년부터 사회복지법인도 논밭을 재산으로 소유할 수 있게 되었습니다.

김광림 의원은 지금까지 28년 간 재가노인복지사업을 하는 데 물심양면으로 도와주셨을 뿐만 아니라 우리나라 재가노인복지 발전에 크게 일조하신 분입니다. 사모님 역시 이화여자대학에서 사회복지를 전공하신 분이라 사회복지에 많은 관심을 가지고 복지프로그램을 개발하고 실천하는 데 함께 해주셨고 지금도 변함없는 후원자입니다.

Q 하신 일 중 가장 대표적인 일은 무엇이었나요?
그리고 아쉬웠던 점이 있다면 말씀해주세요.

A 지금까지 28년간 재가노인복지사업을 통해 수많은 프로그램을 실시했습니다. 가장 대표적인 사업은 재가노인 주·야간보호사업입니다. '재가복지'라는 용어도 없을 때, 처음 보건복지부에 사업계획서를 제출하면서 한국어로 이름을 어떻게 붙여야 할지 고민하던 차에 '낮 동안 제공하는 돌봄'이라는 의미를 담아 낮 '주(晝)' 자에 사이 '간(間)'을 붙여 주간보호소라고 명명하여 제출했는데 그 이름 그대로 채택되어 재가노인복지 대표사업으로 확장하는 데 밑거름이 되었다는 자부심과 주간보호사업 최초 실시자라는 것을 생애 가장 큰 보람으로 느끼고 있습니다. 또한 특별프로그램으로 주·야간보호(햇님반, 달님반 프로그램 운영(오전 6:30분~오후 8시)소를 운영한 바 있습니다. 하지만 이용자가 없어 문을 연지 얼마 안되어 중단했습니다. 그랬던 사업이 지금은 정책적으로 시행되고 있다는 사실을 생각할 때마다 감회가 새롭습니다.

재가노인복지사업이 정착되기까지 많은 시행착오를 겪었지만 지금도 아쉬운 점은 기록관리에 소홀했던 것과, 인력부족과 종사자들의 잦은 이직으로 하고 싶었던 것을 하지 못했던 것입니다. 많은 프로그램을 개발하고 복지자원과 후원자를 발굴했지만 기록을 통해 자료를 남기지 못했습니다. 무수한 사업 진행과정을 개인별, 사업별로 철저하게 사례관리를 했더라면 현재 주·야간보호사업의 발전 과정을 자세히 볼 수 있는 귀중한 자료가 되었을 텐데, 그 점이 후회스럽고 안타깝습니다. 하지만 주간보호사업에 관해 은천에서 몇 권의 책을 발간한 적이 있습니다. 제가 원했던 방향과 다소 차이가 있고, 내용 또한 충분하게 반영되지 못한 점이 못내 아쉬움이 남습니다.

Q 인생을 돌아봤을 때 가장 보람있었던 일을 꼽는다면 어떤 것이 있으신가요?

 저는 기독교인으로서 사회복지 이전에 신학공부를 먼저 했습니다. 교회 안에서 교인들을 대상으로 일할 때는 신앙문제만 바라보았고 신앙적인 관점으로 문제들을 풀어나갔습니다. 하지만 사회복지 현장에서는 모든 사람이 겪고 있는 현실적인 문제를 해결하는 것이 더 중요했습니다. 현실적인 문제를 신앙 밖에서 해결하는 것이 참 어려웠습니다. 하지만 신학과 사회복지학이 만나는 지점에서 신앙 문제와 현실 문제가 하나로 융합되어 더 쉽게 해결될 수 있다는 믿음이 생겼습니다. 어느 한쪽에 치우치지 않고 정신적 문제와 현실적 문제를 신앙과 복지를 융합하는 방식으로 접근하여 신앙인, 비신앙인 모두를 아우를 수 있었습니다. 저는 성직자의 삶과 사회복지인의 삶을 동시에 살고 있습니다. 두 가지 삶의 방향이 하나로 융합되어 훨씬 더 많은 일을 할 수 있었고, 참으로 보람된 삶이었다고 회고되기를 바랍니다.

담당자로서 이루신 일들 중 가장 보람있었던 일은 무엇인가요?

저는 28년 간 재가노인복지사업에 온 정열을 쏟아 부었습니다. 어느 것 하나 중요하지 않은 사업은 없었습니다. 그때그때 필요에 따라 만들어지는 일들 모두 시대의 흐름에 부응하는 사업들이었습니다. 정부의 지원없이 민간사업자로 참여하여 한국의 재가노인복지사업 발전에 미력하나마 기여했다는 자부심을 가지고 있습니다. 초창기에 모든 것이 부족할 때 재가노인복지사업 관련 법안이 입안되고 정책화 되기까지 일개 개인이 보건복지부와 국회를 찾아가 사업의 필요성을 알리고 재가복지 인식 개선을 위한 세미나 개최 및 교육·홍보활동에 모든 시간과 물질, 정열을 다하였습니다. 돌이켜보니 성경대로 한 알의 밀알이 되어 수백 배의 결실을 맺은 것 같아 뿌듯함을 느낍니다.

 마지막으로 후배들에게 조언 한 말씀 부탁드립니다.

어떤 사람들은 돈 없이 복지사업은 못한다고 말합니다. 하지만 저는 이 말에 동의하지 않습니다. 28년 동안 재가노인복지사업을 수행하면서 경험한 바로는 복지사업이란 돈이 없어 못하는 게 아니라 소명의식과 열정 부족 때문에 못하는 것이라고 감히 말하고 싶습니다.
사회복지를 하겠노라 결심한 사람은 우선 사회적 약자인 '을'에 대한 깊은

애정이 있어야 합니다. 우리의 수고와 헌신을 '을'에게 대가 없이 주고자 하는 빈 마음을 가져야 합니다. '을'을 향한 정의감과 사명감이 가슴을 적실 때 힘든 길을 마다하지 않고 걸어갈 수 있다는 것을 마음에 새겼으면 좋겠습니다. 저에게는 28년 간 재가노인복지사업을 하면서 많은 어려움을 극복할 수 있게 해준 '신조'가 하나 있습니다. '하면 되고, 안 하면 안 된다' 입니다. 이 신념 하나로 부지런히 뛰어왔습니다.

젊은 후배들에게 주어진 복지환경은 제가 걸어왔던 시대보다는 질적·양적으로 월등히 나아졌습니다. 노인복지의 길이 아무리 힘들고 어려워도 우리의 수고가 이웃의 소망이 되고 기쁨이 된다는 신념을 가지고 도전하면 좋겠습니다. 지금 살고 있는 현재보다 보편적 복지가 실현된 더 나은 미래를 만들겠다는 목표와 신념, 도전정신을 가졌으면 좋겠습니다. 마지막으로 이렇게 부탁하고 싶습니다.

첫째, 각자 신념을 가지고 뜻을 세우십시오.

둘째, 믿음을 가지십시오.

셋째, 방법을 찾으십시오.

넷째, 도전하십시오. 열릴 때까지! 성취될 때까지!

마지막으로, 헌신한 수고의 열매에 만족하고 보람을 느끼십시오.

Chapter 4

재가노인복지연구소

재가노인복지연구소

한국재가노인복지협회 부설 재가노인복지연구소는 1997년부터 재가노인복지와 관련된 교수 및 재가노인복지기관 실무자를 중심으로 자발적으로 구성 운영되어오던 '재가노인복지연구회'가 2005년 한국재가노인복지협회의 정관변경에 따라 명칭을 '재가노인복지연구소'로 변경하고 부설기구로 정식 발족 되었으며 그동안 각종 재가노인복지사업에 관한 조사, 연구활동은 물론 재가노인복지사업에 필요한 교구교재개발 연구 및 재가노인복지용어 정리 등의 이론적 접근을 시도하여 왔다. 연구의 결과로 제작된 교재와 비디오 등은 전국의 재가노인복지시설 현장에서 유용하게 사용되고 있어 보다 나은 재가노인복지서비스 지원에 기여하고 있다.

현재 재가노인복지연구소는 김미혜 교수(이화여자대학교 사회복지학과)를 연구소장으로 하여, 조유향 교수(초당대학교 간호학과), 임병우 교수(성결대학교 사회복지학과), 조추용 교수(꽃동네대학교 사회복지학과), 전성남 관장(동구시니어클럽)등이 활동하고 있다.

연구회 참가자

성명	소속
김근홍	강남대학교 사회복지학과 교수
김미혜	이화여자대학교 사회복지학과 교수
김현훈	박애재가노인복지원 원장
박서춘	남광종합사회복지관 관장
박윤혜*	–
백석인	순천대 사회복지학과
변재관	한국보건사회연구원 연구위원
선우덕	한국보건사회연구원 연구위원
신영미	정성 노인의집 소장
오은진	순애원 부장
오현대*	–
우수명*	–
유수상	거창노인복지센터 센터장
윤동성	순천종합사회복지관 관장
윤정욱*	–
윤현숙	한림대학교 사회복지학과 교수
이영주*	–
이현극	남광주간보호소
임병우	성결대학교 사회복지학과 교수
전성남	조선대학교 부설 노인복지센터 센터장
정종택	삼육대학교 사회복지학과 교수
조기동	한국노인복지회 회장
조유향	초당대학교 간호학과 교수
조추용	꽃동네대학교 사회복지학과 교수

* 박윤혜, 오현대, 우수명, 윤정욱, 이영주는 당시 소속을 파악하지 못함
* 소속은 연구회 참가 당시의 소속임

주요 발간도서

발행시기	발간도서	비고
1997. 12	일본·영국·홍콩 재가노인복지사업의 운영과 실천	해외사례연구
1998. 7	노인의 올바른 수발을 위한 가정봉사원 핸드북	재가노인복지총서1
1999. 2	영·미 주간보호의 운영과 관리	주간보호지침서·해외사례연구
1999. 8	재가노인복지서비스	재가노인복지총서2
	가정봉사원의 활동과 실제	재가노인복지총서3
1999.12	단기입소와 기능훈련	재가노인복지총서4
2000. 9	재가노인복지사업 매뉴얼	재가노인복지총서5
	더불어 살아가는 삶의 기쁨	가정봉사원수기모음집1
	재가노인 개호복지론	재가노인복지총서6
2001. 3	노인학대 예방 및 상담사례	재가노인복지총서7
2001. 11	더불어 살아가는 삶의 기쁨	가정봉사원수기모음집2
2001. 12	노인학대-관점과 실체	재가노인복지총서8
	재가노인복지 연구	연구지 창간호
2002.12	노인학대예방상담센터 사업보고 및 상담사례집	재가노인복지총서9
	가족수발자의 핸드북	재가노인복지총서10
	재가노인복지연구	연구지 제2호
2003.12	재가노인복지연구	연구지 제3호
	재가노인복지사업 10년 발자취	재가노인복지총서 11
	비공식적 보호자 연구와 실제	
2004. 6	가정봉사활동 개론	재가노인복지총서 12
2004.10	가정봉사활동의 실제	재가노인복지총서 13
2004. 12	재가노인복지연구	연구지 제4호
2005.12	재가노인복지연구	연구지 제5호
2006. 4	2005년 재가노인복지사업 통계백서	통계백서1
	재가노인복지 서비스 매뉴얼	
2006. 12	재가노인복지연구	연구지 제6호
	요양보호사 교육교재	
2007. 7	2006년 재가노인복지사업 통계백서	통계백서 2
2007. 12	재가노인복지연구	연구지 제7호

2008. 12	재가노인복지론	청목출판사
	재가노인복지 범위 및 기능재정립에 관한 연구	메리츠화재 후원
2011. 11	재가장기요양급여 활성화를 위한 지역사회 자연연계 방안	보건복지부 연구용역
2014. 12	치매노인의 기능향상 및 저하 예방을 위한 '주야간보호시설 프로그램'	보건복지부 민간단체지원사업
2015. 7	재가노인복지 20년 도전과 대응	역사서1
	한국재가노인복지협회 20년 발자취	

Chapter 5

지회 활동

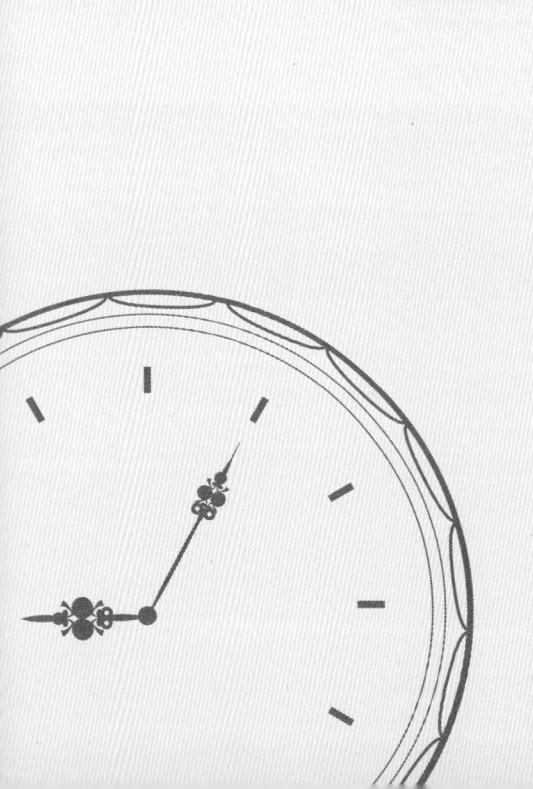

서울재가노인복지협회

- 창립일시 : 1998년 8월 24일
- 창립배경 : 재가노인복지사업의 합리적이고 발전적인 운영을 위한 프로그램개발, 조사 연구, 시설 상호간 정보교환 및 친목을 도모함으로써 재가노인복지사업 증진에 기여하고자 함

역대 임원진

제1대 회장 : 김준문 (우리모두복지재단 이사장)
제2대 회장 : 조남범 (마포재가노인복지센터 소장)
제3대 회장 : 조남범 (마포재가노인복지센터 소장)
제4대 회장 : 김현훈 (행복창조노인복지센터 원장)
제5대 회장 : 장민균 (길음노인복지센터 시설장)
제6대 회장 : 김현훈 (행복창조노인복지센터 원장)

현 임원진

- 회장 : 김현훈 (행복창조노인복지센터 원장)
- 부회장
  이은정 (마포노인복지센터 센터장)
  차지숙 (시흥4동성당데이케어센터 센터장)

- 이사

    권용자 (용산노인복지센터 센터장)

    권태록 (금천호암데이케어센터 센터장)

    김선옥 (상록재가노인지원센터 센터장)

    김한덕 (나눔강남재가노인복지센터 센터장)

    김형기 (중화데이케어센터 센터장)

    민경연 (도봉실버데이케어센터 센터장)

    심우철 (궁동데이케어센터 센터장)

    양재혁 (고척동성당데이케어센터 센터장)

    임무영 (강서노인복지관데이케어센터 센터장)

    최정화 (구립영등포노인복지센터 원장)

    한서경 (보사노인복지센터 센터장)

- 감사 : 1명

협회연혁

2010's

14
- 제16회 정기총회, 제7대 회장선출
- 2014년 어르신 복지공동체 지원사업 - 세대간 상생과 화합 치매연극공연 <우리는 잊혀지지 않는다>
- 2014년 재가노인복지시설 종사자 해외연수 1차(대만)
- 2014년 재가노인복지시설 종사자 해외연수 2차(대만)

13
- 제15회 정기총회
- 2013년 서울시 재가노인복지시설 워크숍
- 2013년 서울시 재가노인복지시설 워크숍

12
- 제14회 정기총회
- 2012년 재가장기요양기관 직무교육
- 2012년 재가장기요양기관 직무교육
- 2012년 재가노인복지시설 종사자 역량강화 전문교육
- 2012년 제1차 임시총회, 제6대 회장선출
- 2012년 서울시 재가노인복지시설 워크숍

11
- 제13회 정기총회, 제5대 회장선출
- 2011년 서울형 데이케어센터 모니터링 개선 지표 설명
- 2011년 재가노인복지시설 직원 전문화 교육
- 2011년 재가노인복지시설 종사자의 날
- 재가노인지원서비스 사례관리 매뉴얼 교육
- 서울지역 재가노인복지시설 사회복지사 보수교육(신입, 선임)
- 서울지역 재가노인복지시설 사회복지사 보수교육(중간관리자, 시설장)
- 2011년 서울시 재가노인지원센터 워크숍

10
- 제12회 정기총회
- 서울형 데이케어센터 1주년 기념 세미나
- 2010년 서울형 데이케어센터 상반기 종사자 직무능력 향상 교육
- 2010년 서울형 데이케어센터 하반기 종사자 직무능력 향상 교육
- 재가노인복지시설 사회복지사 보수교육
- 서울형 데이케어센터 운영매뉴얼 개발 및 설명회

2000's

09
- 제11회 정기총회
- 노인주간보호 이용 어르신들의 행복 노후를 위한 치료프로그램 지원(사회복지공동모금회 지원사업)
- 2009 재가노인복지사업의 성공전략 한일 국제 비교세미나

08
- 제10회 정기총회, 제4대 회장선출
- 제4회 서울시재가노인복지시설 해외기관연수-시설장(일본)
- 제4회 서울시재가노인복지시설 해외기관연수-실무자(일본)
- 노인장기요양보험제도 실시에 따른 향후의 재가복지서비스와 케어인력 양성에 관한 한일 심포지엄
  (서울시 사회복지공동모금회 지원사업)

07
- 제9회 정기총회
- 제3회 서울시재가노인복지시설 해외기관 연수(일본)
- 노인장기요양보험법 시행령·시행규칙 입법예고(안) 개선을 위한 결의대회

06
- 사무실 이전
- 제8회 정기총회
- 서울시재가노인복지시설 직원연수

05
- 제7회 정기총회, 제3대 회장선출
- 서울시재가노인복지시설 평가 우수기관 해외연수(뉴질랜드, 호주)
- 사무실 이전
- 제2회 서울시재가노인복지시설 해외기관연수(일본) 중앙공동모금회 사무기 지원사업 선정
- 재가노인복지시설 세미나
  (노인수발보장제도의 도입과 재가노인복지)
- 재가노인복지시설 시설당 280kg 쌀지원
  (서울사회복지공동모금회 긴급지원사업)

04
- 제6회 정기총회
- 제1회 서울시재가노인복지시설 해외기관 연수(일본)
- 재가노인복지시설 사회복지 비전공자의 정체성 및 자질향상을 위한 교육(서울사회복지공동모금회 지원사업)
- 재가노인복지시설 직원 워크숍

03
- 제5회 정기총회
- 2003 서울시재가노인복지시설 직원연수(사회복지사)

2000's

02
- 제4회 정기총회, 제2대 회장선출
- 사무실 이전
- 서울시재가노인복지시설 직원연수(사회복지사)
- 2002년도 서울시재가노인복지세미나

01
- 제3회 정기총회
- 노인의 날 기념 세미나 실시
 "재가노인복지 정책의 문제점과 개선방안"

00
- 제2회 정기총회
- 실무자 워크숍

1990's

99
- 제1회 정기총회
- 자원봉사 네트워크를 이용한 도시거주 무의탁 독거노인을 위한 고향방문사업
- 롯데백화점 연계 불우이웃돕기 자선바자회
- 서울재가노인복지협회 편람 제작

98
- 창립총회, 제1대 회장선출, 사무실 마련
- 창립기념 세미나
- 임시총회
- MBC무의탁노인을 위한 '높고 깊은 사랑' 프로그램 참여

연도별 활동

2014년 12. 18-21

재가노인복지시설 종사자 해외연수

장소 : 대만 타이페이
방문기관 : 조여노인요양센터, 쌍연요양센터

2013년 5. 23-24

서울시 재가노인복지시설 워크숍

장소 : 제주 풍림리조트
내용 : 개회식, 2013 서울시 어르신 복지행정, 감동복지를 위한 창조적 커뮤니케이션, 재가노인복지시설 운영 활성화를 위한 자유토론

2012년 7.12

서울시 재가노인복지시설 워크숍

장소 : 라루체
내용 : 원순씨와 함께하는 서울시 복지 행정, 재가노인복지서비스의 한일 분석 비교 및 향후 방안

2011년 7.7

재가노인복지시설 종사자의 날

장소 : 더부페 종로점
내용 : 기념식, 저녁식사, 공연관람

2010년 7.13

서울형 데이케어센터 1주년 기념 세미나

장소 : 서울시청 서소문 후생동 4층 강당
주제 : 서울형 데이케어센터 운영성과 및 발전방안

2009년 9. 24

**재가노인복지사업의 성공전략
한일 국제 비교 세미나**

장소 : 호텔아카데미하우스
내용 : 개회식, 세미나, 자유토론, 교류 및 저녁
        만찬 등 재가노인복지서비스의 한일
        분석 비교 및 향후방안

2008년 5. 9

**노인장기요양보험제도 실시에 따른 향후
재가복지 서비스와 케어 인력 양성에
관한 한일 심포지움**

장소 : 서울여성플라자 국제회의장

2007년 5. 30-6. 2

일본 노인복지시설 시찰연수

장소 : 일본

2005년 4. 9-16
호주 노인복지시설 시찰연수

장소 : 호주

1999년 7월-10월
자원봉사 네트워크를 이용한 도시거주
무의탁 독거노인 고향방문

장소 : 전국

1998년 9. 28
서울시재가노인복지협회 창립기념
세미나 및 임시총회

장소 : 태화빌딩 강당

부산재가노인복지협회

- 창립일시 : 2000년 4월 2일
- 창립배경 : 부산시 내 8개 재가노인복지기관으로 발족

역대 임원진

제1대 회장 : 복진년 (영진종합사회복지관 관장)

제2대 회장 : 복진년 (영진종합사회복지관 관장)

제3대 회장 : 박서춘 (남광종합사회복지관 관장)

제4대 회장 : 박서춘 (남광종합사회복지관 관장)

제5대 회장 : 김광용 (인창노인복지센터 센터장)

현 임원진

- 회장 : 이춘성 (용호종합사회복지관 관장)
- 부회장

  백점남 (인창사상재가노인지원서비스센터 센터장)

  윤원찬 (중구노인복지관 관장)
- 운영위원 : 15명
- 감사 : 2명

협회연혁

2010's

14	• 제13회 자원봉사자 어울림 한마당 개최 • 2014년 부산재가노인복지사업 사진전시회 개최 　(주제-동행, 희망, 사랑) • 2014년 종사자 교육(체질에 따른 스트레스 해소방안) • 2014년 종사자 연찬회
13	• 제12회 자원봉사자 어울림 한마당 개최
12	• 제11회 자원봉사자 어울림 한마당 개최
11	• 제10회 자원봉사자 어울림 한마당 개최 • 제8회 재가노인복지시설 종사자 및 관련공무원 연찬회 • 2011년 재가노인지원서비스 지침 및 평가 교육
10	• 제9회 자원봉사자 어울림 한마당 개최 • 제7회 재가노인복지시설 종사자 및 관련공무원 연찬회 • 방문요양 클린센터 지킴이 활동교육

2000's

09	• 제6회 재가노인복지시설 종사자 및 관련공무원 연찬회 • 부산 실버 엑스포 전시회(부산지역의 노인복지기관 홍보활동) • 요양보호사 전문화 교육 - 한국재가노인복지협회 공동주관 • 부산권역 고령화 대책과 노인복지서비스 한(韓)·일(日) 세미나
08	• 제8회 자원봉사자 어울림 한마당 개최 • 제5회 재가노인복지시설 종사자 및 관련공무원 연찬회 • 노인보건복지정책의 발전 방안을 위한 토론회 개최 • 장기요양보험제도에 관한 대책 방안 토론회 개최
07	• 제7회 자원봉사자 어울림한마당 개최 • 제4회 재가노인복지시설 종사자 및 관련공무원 연찬회 • 제17회 전국재가노인복지대회 주관
06	• 제6회 자원봉사자 어울림한마당 개최 • 제3회 재가노인복지시설 종사자 및 관련공무원 연찬회

2000's

05	• 제5회 자원봉사자 어울림한마당 개최 • 제2회 재가노인복지시설 종사자 및 관련공무원 연찬회
04	• 제4회 자원봉사자 어울림한마당 개최 • 제1회 재가노인복지시설 종사자 및 관련공무원 연찬회
03	• 제3회 자원봉사자 어울림한마당 개최
02	• 제2회 자원봉사자 어울림한마당 개최
01	• 한국재가노인복지협회의 부산지회로 정식임원 선출 • 제1회 자원봉사자 어울림한마당 개최
00	• 부산시 내 8개 재가노인복지기관으로 발족

연도별 활동

2014년 12. 18

종사자 교육

장소 : 더파크뷔페 데이지홀
주제 : 체질에 따른 스트레스 해소방안

2014년 12. 18

종사자 연찬회

장소 : 더파크뷔페 데이지홀
내용 : 레크리에이션 활동

2014년 12. 16-17

부산재가노인복지사업 사진전시회

장소 : 연산 지하철역
주제 : 동행, 희망, 사랑

2014년 12. 4

제13회 자원봉사자 어울림한마당

장소 : 부산동래문화회관 대극장
내용 : 유공자 포상 및 부산시립국악관현악단
      초청공연

2011년 12. 8

제8회 재가노인복지시설 종사자 및
관련공무원 연찬회

장소 : 국제신문사 대강당
주제 : 강의1 유머를 통한 커뮤니케이션 기술과
          스트레스 극복방법
      강의2 노인복지사업의 민관협력 체제
          구축방안

2011년 9.30

제10회 자원봉사자 어울림한마당

장소 : 강서체육공원 내 실내체육관
내용 : 유공자 포상, 축하공연 및 체육대회

2011년 1.25

재가노인지원서비스 지침 및 평가교육

장소 : 인창노인의료센터 강당
주제 : 재가노인지원서비스 지침 및
       사례관리 표준매뉴얼 교육

2010년 10.28

제9회 자원봉사자 어울림한마당

장소 : 강서체육공원 내 실내체육관
내용 : 유공자 포상, 축하공연 및 체육대회

2010년 3. 19
방문요양 클린센터 지킴이 활동교육

장소 : 부산시청 국제소회의실
내용 : 노년의 건강한 생활 및 방문요양 부당
　　　서비스 예방교육

2009년 10. 22
**부산권역 고령화 대책과 노인복지서비스
한(韓)·일(日) 세미나**

장소 : 부산시청 국제회의실

2009년 8. 21
전문화 교육(요양보호사 과정)

장소 : 신라대학교
주제 : 노인장기요양보험 실시에 따른 재가
　　　장기요양기관 운영전략 코칭프로그램

2009년 7. 2-4
부산실버엑스포 전시회
(부산노인복지기관 홍보)
장소 : 부산 벡스코(BEXCO)

2007년 10. 18-19
**제4회 재가노인복지시설 종사자 및
관련공무원 연찬회**
장소 : 경주콩코드호텔
내용 : 유공자 포상, 장기요양보험과 재가
　　　노인복지관련 교육

2007년 9. 14
제7회 자원봉사자 어울림한마당
장소 : 금정실내체육관
내용 : 유공자 포상, 축하공연 및 체육대회

대구재가노인복지협회

- 창립일시 : 1997년 9월 28일
- 창립배경 : 지역 내의 소외된 재가어르신들의 노후 생활을 돕고 복지 사각지대 해소를 위함

역대 임원진

제1대 회장 : 오현태 (대구가정봉사원파견센터 소장)
제2대 회장 : 김영조 (대구가정봉사원파견센터 소장)
제3대 회장 : 박우관 (월성가정봉사원파견센터 소장)
제4대 회장 : 한외근 (엔젤가정봉사원파견센터 소장)
제5대 회장 : 김상근 (비슬노인복지센터 소장)
제6대 회장 : 김홍수 (동구노인주간보호센터 소장)
제7대 회장 : 김석표 (진명재가노인복지센터 소장)
제8대 회장 : 김후남 (진명재가노인복지센터 소장)
제9대 회장 : 김후남 (상록수노인종합복지센터 소장)

현 임원진

- 회장 : 김홍렬 (월성노인복지센터 소장)

- 부회장

    김영란 (진명재가노인복지센터 소장)

    신정한 (대덕노인복지센터 소장)

- 교육분과

    위원장 : 정지원 (정다운노인복지센터 소장)

    위원 : 우인경 (마야노인복지센터 소장)

    　　　김무진 (참좋은노인복지센터 소장)

- 친교분과

    위원장 : 전용우 (효성노인복지센터 소장)

    위원 : 박임순 (단비노인복지센터 소장)

    　　　노영임 (샬롬노인복지센터 소장)

- 재가노인지원분과

    위원장 : 조영범 (달서구노인복지센터 소장)

    위원 : 김미경 (감천노인복지센터 소장)

    　　　최남출 (동구재가노인복지센터 소장)

- 주간보호분과

    위원장 : 강혜자 (굿실버노인복지센터 소장)

    위원: 라혜영 (햇빛노인복지센터 소장)

- 감사

    조진현 (누리노인복지센터 소장)

    김영달 (안심노인복지센터 소장)

협회연혁

2010's

15
- 실무자 해외연수(베트남북부, 캄보디아)
- 시설장 해외연수(호주, 뉴질랜드)
- 실무워크샵
- 주간보호분과 선진시설 연수 및 견학
- 독거노인 마음잇기사업 실시
- 재가어르신 연합나들이(경주 버드파크 및 동궁원)

14
- 제10대 대구재가노인복지협회 회장 김홍렬 취임
- 시설장 워크샵
- 종사자 해외연수(태국)
- 대구재가노인복지협회 워크샵
- 재가어르신 연합나들이
- 종사자 실무교육
- 시설장 연수
- 연합모금행사

13
- 대구재가노인복지협회 워크샵
- 재가어르신 연합나들이
- 종사자 해외연수(미서부)
- 재가어르신 한마당
- 연합모금 행사

12
- 제9대 대구재가노인복지협회 회장 김후남 취임
- 종사자 해외연수(홍콩&마카오)
- 재가어르신 연합나들이
- 대구재가노인복지협회 워크샵
- 재가어르신 연합나들이
- 시설장 연수
- 연합모금 행사

2010's

11
- 종사자교육
- 모범시설 견학
- 재가어르신 한마당
- 대구재가노인복지협회 워크샵
- 종사자 해외연수 실무자과정(일본)
- 재가어르신 연합나들이
- 시설장 연수
- 연합모금행사

10
- 제8대 대구재가노인복지협회 회장 김후남 취임
- 종사자 해외연수 시설장과정 (홍콩&마카오)
- 종사자교육
- 종사자 해외연수 실무자과정(일본)
- 재가어르신 연합나들이
- 연합모금행사

2000's

09
- 연합모금행사
- 종사자 교육
- 종사자 해외연수(일본)
- 재가어르신 연합 봄나들이
- 복지용구 판매 및 대여사업

08
- 제7대 대구재가노인복지협회 회장 김석표 취임
- 연합모금행사
- 종사자 교육
- 종사자 해외연수(일본)
- 재가어르신 연합 봄나들이

07
- 연합모금행사
- 종사자 교육
- 종사자 해외연수(일본)
- 재가어르신 연합 봄나들이

06
- 제6대 대구재가노인복지협회 회장 김홍수 취임
- 연합모금행사
- 종사자 교육
- 종사자 해외연수(일본)
- 재가어르신 연합 봄나들이

2000's

05
- 제5대 대구재가노인복지협회 회장 김상근 취임
- 연합모금행사
- 종사자 교육
- 종사자 해외연수(일본)
- 재가어르신 연합 봄나들이

04
- 제4대 대구재가노인복지협회 회장 한외근 취임
- 연합모금행사
- 노인복지세미나
- 종사자 교육
- 종사자 해외연수(일본)
- 홀로 어르신 봄나들이 행사

03
- 연합모금행사
- 종사자 교육
- 종사자 해외연수(일본)
- 홀로 어르신 봄나들이 행사
- 재가어르신 집고치기 사업 - 대구파랑회(신세계건설 봉사팀)

02
- 제3대 대구재가노인복지협회 회장 박우관 취임
- 연합모금행사
- 종사자 교육
- 홀로 어르신 봄나들이 행사
- 재가어르신 집고치기 사업 - 대구파랑회(신세계건설 봉사팀)

01
- 무의탁 독거노인 돕기 기금마련 연합모금
- 재가노인복지시설 "홀로노인 연합 가을나들이" 행사
- 대구재가노인복지협회로 명칭 변경

00
- 제2대 대구재가노인복지협회 회장 김영조 취임
- 재가노인복지시설 추가운영비 지원을 위한 간담회 (추가운영비 지급)

1990's

98
- 재가노인복지시설 추가운영비 지원을 위한 간담회 (종사자수당 지급)

97
- 제1대 대구재가노인복지협회 회장 오현태 취임
- 한국재가노인복지협회 대구지회 창립(3개소 : 대구가정봉사원파견센터, 한국노아복지회 가정봉사원파견센터, 대구노인주간보호소)

연도별 활동

2015년 3. 26-4. 4
대구재가노인복지협회 시설장 해외연수

장소 : 호주, 뉴질랜드

2015년 3. 25
한·일 지역복지포럼
(재가노인복지서비스의 현황과 과제)

장소 : 대구대학교 대명동캠퍼스
　　　평생교육원 1102호(세미나실)

2015년 3. 5-10

실무자 해외연수

장소 : 베트남 북부, 캄보디아 일원

2014년 7. 3-4

제4회 대구재가노인복지협회 워크숍

장소 : 경주KT수련관
주제 : 종사자 역량강화와 재가노인 복지서
비스의 혁신방안

2013년 4. 30-5. 15

연합나들이

장소 : 군위 화본마을

2012년 5.3
제2회 재가어르신 한마당
장소 : 대구시민체육관
내용 : 개회식(1부), 명랑운동회(2부),
　　　여흥한마당(3부)

2011년 4.6
제10회 연합모금행사 후원업체 감사행사
장소 : 한티불낙
내용 : 후원업체 현판 및 기념품 증정,
　　　모금액 전달(벼룩시장) 등
모금액 : 128,830,200원

2010년 4.6
제6·7대 회장 이·취임식
장소 : 대구시니어체험관 4층 다목적실

2009년 1. 13

대구재가노인복지협회 정기총회

장소 : 삼덕노인복지센터

2008년 7. 3-4

재가어르신 봄맞이 나들이

(주간·단기보호분과)

장소 : 팔공산

2007년 7. 12

실버축제 한마당

장소 : 대덕문화전당 대공연장

2005년 8. 26-27

제4회 실무자 연수

장소 : 대구-대덕노인복지회관
        춘천-한림대학교 고령사회교육센터
내용 : 재가노인복지시설 종사자,
        가정봉사원, 자원봉사자

2004년 9. 3-4

종사자 교육

장소 : 새한연수원

2003년 5. 23

재가어르신 봄맞이 나들이

장소 : 경주 안압지

인천재가노인복지협회

- 창립일시 : 1995년 11월 29일
- 창립배경 : 독립적으로 일상생활을 영위하기 어려운 재가노인과 복지사각지대 노인의 욕구를 파악하고 지역 사회와 연계하여 인천지역 노인의 건강하고 안전한 삶을 도모하고 나아가 재가노인복지 발전에 기여하고자 함

역대 임원진

제1대 회장 : 이용우 (인천광역시 자원봉사센터 사무처장)

제2대 회장 : 이은주 (구립해송노인요양원 원장)

제3대 회장 : 최장열 (한국사회복지법인협회 기획실장)

제4대 회장 : 박정자 (前 미추홀종합사회복지관 관장)

제5대 회장 : 박정자 (前 미추홀종합사회복지관 관장)

제6대 회장 : 신용관 (남동재가노인지원서비스센터 센터장)

현 임원진

- 회장 : 신선아 (부평재가노인지원서비스센터 센터장)
- 부회장
  강금화 (강화노인복지센터 센터장)
  김병수 (인천재가노인지원서비스센터 센터장)
- 고문 : 신용관 (남동재가노인지원서비스센터 센터장)

- 이사

  김 구 (중구노인복지센터 센터장)

  최윤형 (서구재가노인지원서비스센터 센터장)
- 운영위원 : 2명
- 감사 : 2명

협회연혁

2010's

| 15 | • 제7대 신선아 회장 취임 |

| 14 | • KT&G복지재단과 함께하는 어르신 나들이
• 협회기관 종사자 연찬회(경주)
• 제6회 요양보호사의 날 행사 개최
• 건강한 여름나기 프로젝트 사업(사회복지공동모금회 지원_쿨매트)
• 제5회 특화프로그램 실시 및 통합보고대회 |

| 13 | • 재가 어르신을 위한 맞춤형 보조기구 지원사업 실시
• KT&G복지재단과 함께하는 어르신 나들이
• 협회기관 종사자 연찬회(강화)
• 제5회 요양보호사의 날 행사 개최
• 재가어르신 혹서기 보호사업(사회복지공동모금회 지원_선풍기)
• 제4회 특화프로그램 실시 및 통합보고대회 |

| 12 | • 제6대 신용관 회장 취임
• KT&G복지재단과 함께하는 어르신 나들이
• 협회기관 종사자 연찬회(영흥도)
• 제4회 요양보호사의 날 행사 개최
• 제3회 특화프로그램 실시 및 통합보고대회 |

| 11 | • KT&G복지재단과 함께하는 어르신 나들이
• 협회기관 종사자 연찬회(제주도)
• 제21회 전국재가노인복지대회 개최(주관)
• 제3회 요양보호사의 날 행사 개최
• 등급외 어르신 예방프로그램 욕구 실태조사
• 제2회 특화프로그램 실시 및 통합보고대회 |

| 10 | • KT&G복지재단과 함께하는 어르신 온천나들이
• 협회기관 종사자 연찬회(강화)
• 제2회 요양보호사의 날 행사 개최
• 제1회 특화프로그램 실시(인천시 지원) |

2000's

09
- 제5대 박정자 회장 취임
- KT&G복지재단 업무협약 연합나들이(강화)
- 제1회 인천 요양보호사의 날 행사 개최
- 협회기관 종사자 연찬회(강원도)

08
- 코미 사례교육 실시
- 노인장기요양보험제도 실시에 따른 제2회 인천재가노인복지협회 정책 포럼
- 협회기관 종사자 연찬회(거제도)
- 일본개호보험제도 연구를 위한 시설장 연수

07
- 협회기관 종사자 연찬회(제주도)
- 경인일보 업무협약 사랑의 쌀 나눔식 진행
- 인천재가노인 결연후원행사 개최

06
- 제4대 박정자 회장 취임
- 따뜻한 겨울나기 송년잔치 및 온천나들이
- 노인수발보험제도에 따른 인천 노인요양인프라 현안 및 대책 세미나 개최
- 인천재가노인복지협회 노인의 날 축제

연도별 활동

2013년 12. 10
제4회 특화프로그램 통합발표회
장소 : 남구청

2012년 7. 6
제4회 요양보호사의 날 행사
장소 : 목화웨딩홀

2011년 6. 2
종사자 연찬회

장소 : 제주도

2010년 5. 13
KT&G복지재단과 함께하는
어르신 온천 나들이

장소 : 파라다이스도고

2009년 9. 17
종사자 연찬회

장소 : 설악 한화리조트

2008년
코미 사례관리교육

2007년 6. 27
직원 전문화 교육

장소 : 대하가든

2006년 12. 12
따뜻한 겨울나기 송년잔치 및 온천 나들이

장소 : 영종 해수피아

광주재가노인복지협회

- 창립일시 : 2004년 2월 11일
- 창립배경 : 재가노인복지사업을 합리적·발전적으로 운영하기 위한 시범프로그램 개발, 조사연구, 직원연수와 시설간 정보교환 및 친목을 도모함으로 재가노인복지사업 증진에 기여하고자 함

역대 임원진

제1대 회장 : 조광석 (베데스다 노인복지센터 센터장)

제2대 회장 : 조옥자 (대원 노인복지센터 센터장)

제3대 회장 : 김선구 (광산재가노인지원서비스센터 센터장)

현 임원진

- 회장 : 주리애 (C.C.C.동구노인복지센터 원장)
- 부회장
  황옥화 (참사랑노인복지센터 원장)
- 감사
  김선구 (광산재가노인지원서비스센터 센터장)
  손성만 (오치재가노인지원센터 센터장)
- 운영위원 : 6명

협회연혁

2010's

15	• 제4대 주리애 회장 취임
14	• 광주광역시 노인복지 종사자 전문화교육(요양보호사) • 정책포럼 • 광주광역시 노인복지 종사자 전문화교육(사회복지사)
13	• 제2회 요양보호사의날 행사 • 광주광역시 노인복지 종사자 전문화교육(요양보호사) • 광주광역시 노인복지 종사자 전문화교육(사회복지사)
12	• 제3대 김선구 회장 취임 • 제1회 요양보호사의날 행사 • 광주광역시 노인복지 종사자 전문화교육 • 광주 노인장기요양보험 4주년 기념 정책포럼 • 옴부즈맨사업
11	• 광주 노인장기요양보험 3주년 기념 정책포럼 • 옴부즈맨사업
10	• 광주 사회복지사 보수교육 • 광주 요양보호사 전문화교육, 관리자 및 종사자교육 • 광주 노인장기요양보험 2주년 기념 정책포럼

2000's

09	• 광주광역시 노인장기요양보험 1주년 기념 정책포럼
08	• 제2대 조옥자 회장 취임
04	• 한국재가노인복지협회 광주지회 설립 • 제1대 조광석 회장 취임

연도별 활동

2014년 11.21

광주광역시 노인복지 종사자 전문화교육

장소 : 김대중 컨벤션센터
내용 : 광주광역시의 지원으로 노인복지
　　　 종사자 전문화교육을 매년 2회 실시

2013년 7.1

우수 요양보호사의 날 기념
(우수 요양보호사 시상)

장소 : 5·18기념문화센터
내용 : 본 지회 회원기관의 추천을 받아 우수
　　　 요양보호사에게 시장상, 광주재가노
　　　 인복지협회장상 등을 수여

2012년 10. 15

재가노인복지포럼

장소 : 김대중컨벤션센터
내용 : 재가노인복지 현황과 미래 발전방안에
　　　관한 포럼을 실시하여 광주재가노인
　　　복지사업의 발전에 기여

2011~12년

옴부즈맨 사업

내용 : 효과적인 서비스를 전달하기 위해
　　　방문 및 전화를 통해 지역 어르신의
　　　고충, 욕구 등을 파악

2005~2015년

노인복지시설종사자 해외연수

내용 : 매년 협회 회원기관 종사자의
　　　사기진작 및 소진예방을 위하여
　　　해외연수 실시

대전재가노인복지협회

- 창립일시 : 2003년 1월 28일
- 창립배경 : 대전광역시 내 재가노인복지사업의 활성화·전문화 및 회원기관의 권익보호를 위해 대전지회를 설치 운영

역대 임원진

제1대 회장 : 민정숙 (선우가정봉사원파견센터 센터장)

제2대 회장 : 민정숙 (선우가정봉사원파견센터 센터장)

제3대 회장 : 이진용 (금성노인복지센터 센터장)

제4대 회장 : 황인옥 (선우노인복지센터 센터장)

현 임원진

- 회장 : 강병국 (한빛재가노인복지센터 센터장)
- 부회장
  나정희 (대덕종합복지관 부설 노인복지센터 센터장)
  고내봉 (둔산노인복지센터 센터장)
- 감사 : 1명
- 간사 : 1명

협회연혁

2010's

14
- 제5대 강병국 회장 취임
- 재가노인지원서비스 매뉴얼 제작·배포

13
- 본 협회 소속 요양보호사 서비스 전문교육
- 본 협회 실무자 전문교육 및 세미나(상담, 사례관리)
- 기관 방문 및 내방 업무 컨설팅
- 대전재가노인복지협회 시설장 단합대회
- 제3회 요양보호사의 날

12
- 제4대 황인옥 회장 취임
- 한국노인복지실천연구회 세미나
- 대전복지재단 기획사업 노하우스 선정 및 활동
- 노인돌봄종합서비스 운용교육
- 재가노인복지대회 요양보호사 한마당 행사

11
- 공동모금회 케이스 매니지먼트 디딤터사업 협약체결
- 노인자살예방사업 협약체결
- 재가노인복지대회 요양보호사 한마당 행사

2000's

09
- 제3대 이진용 회장 취임
- 본 협회 소속 요양보호사 전문화교육 실시(대전대, 300명)
- EBS, 사회복지공동모금회와 함께하는 '저소득 어르신의 따뜻한 연말을 위한 선물지급

08
- 노인장기요양보험제도 관련 설명회 실시
- 제2대 노인장기요양제도 대책위원회 위촉
- 노인장기요양보험제도 대책위원회의
- 재가노인복지론 발간
- 해외 연수(일본)

07
- 노인장기요양보험제도 안정적 실행을 위한 대국민규탄대회
- 노인돌보미 바우처제도 도입
- 5개구 25개 재가노인복지사업 실시-1800명(수혜자)

2000's

06	• 노인체험 마네킹 개발 • 생활의 소리나눔캠페인 • 재가노인복지서비스 매뉴얼 발간 • 민정숙 회장 연임 • 가정봉사원 양성교재 발간 • 재가 연합나들이 • 대전재가노인복지시설 직원연수(광주광역시)
05	• 생활의 소리나눔(보청기 지급사업 실시) • 대전 재가어르신 한마음 복지대회(대전시청3층) • 재가노인복지연구소, 재가노인복지교육원 설립
04	• 한재협대전지회 분사무소등기(대전지방법원) • 재가노인복지시설 평가모형 개발(협회보고) • 사랑의 점심나누기 행사(한국까르푸)
03	• 5개구 14개 재가노인복지사업실시-800명(노인) • 대전재가노인복지협회 창립발의-민정숙 초대회장 • 재가노인복지시설 종사자 직원업무수첩 제작
02	• 대전재가노인복지협회 지회 임원선출 및 운영규정 제정 • 데이케어 영상자료제작

연도별 활동

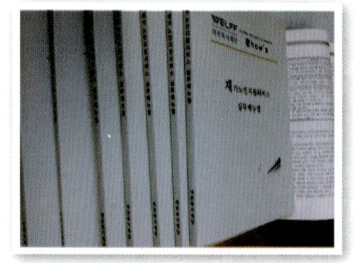

2014년 12. 17
재가노인지원서비스 매뉴얼 제작·배포

내용 : 대전복지재단 지원금으로 매뉴얼 제작

2014년 12. 17
재가노인지원서비스 매뉴얼 제작·배포

내용 : 실무자들의 필요와 요구를 담은
　　　 실무형 매뉴얼 제작

2013년 10. 17
시설장 가을 단합대회

장소 : 성주산 자연휴양림 및 대천
내용 : 시설장 단합대회

2013년 7. 11
제3회 요양보호사의 날

장소 : 대전대학교
내용 : 유공자 표창, 전문화교육 등

2013년 6. 20-21
실무자 세미나

내용 : 대전복지재단 기금을 지원받아 실무자 세미나 실시

2012년 7. 9
제2회 요양보호사의 날

장소 : 대전광역시청 대강당
내용 : 요양보호사 400여 명이 참석한 가운데
　　　 유공자 표창, 전문화교육, 레크리에
　　　 이션

2012년 6. 7-28
실무자 집단상담 교육

내용 : 대전복지재단 기금을 지원받아
　　　 주 2회 집단상담교육 실시

2012년 5. 23
노인돌봄종합서비스 운영교육

장소 : 선우노인복지센터
내용 : 실무능력 강화를 위한 노인돌봄
　　　 종합서비스 운영 교육

울산재가노인복지협회

- 창립일시 : 2003년 9월 25일
- 창립배경 : 지역 어르신을 위한 재가노인복지사업을 합리적·발전적으로 운영하기 위한 시범프로그램 개발, 조사연구, 직원연수와 시설간 정보교환 및 친목을 도모함으로 재가노인복지사업 증진에 기여하고자 함

역대 임원진

제1대 회장 : 김광용 (前 울산시노인복지관 관장)

제2대 회장 : 손경숙 (사회복지법인 함께하는사람들 이사장)

제3대 회장 : 박을남 (前 울산중구종합사회복지관 관장)

제4대 회장 : 박을남 (前 울산중구종합사회복지관 관장)

현 임원진

- 회장 : 장활욱 (동평재가노인지원서비스센터 센터장)
- 부회장 : 변성운 (디딤돌재가노인지원서비스센터 센터장)
- 이사

  김연희 (한울타리재가노인지원서비스센터 센터장)

  오세걸 (울산재가노인지원서비스센터 관장)

  유기태 (문수실버복지관 부설 문수실버노인복지센터 관장)

  차현태 (동구노인복지관 부설 동울산노인복지센터 관장)

　　　　이기은 (미소노인복지센터 센터장)

　　　　권정배 (섬김재가노인지원서비스센터 센터장)

- 감사 : 2명

협회연혁

2010's

14
- 홀로 사는 어르신 생계비 지원사업
- 정기총회
- 울산재가노인복지협회 협회장 이·취임식
- **SK에너지**(보철, 보청기) **후원사업**
- MBC 사랑의 효 잔치
- BS금융그룹 희망나눔재단 선풍기 배분
- SK와 함께하는 다 같이 돌자 동네한바퀴 러브투어
- 제11회 울산재가노인복지대회 개최
- 현대자동차 이불/쌀 배분
- 울산약사회 영양제 후원
- 이수화학 생필품 종합선물세트 배분
- 2014 난방연료 지원사업

13
- 새해맞이 독거어르신 방한복 지원사업
- 정기총회
- 공동모금회 지원 해외연수 사업
- MBC 사랑의 효 잔치
- 소방감지기 설치사업
- 김연자 효 콘서트 초대
- 제10회 울산재가노인복지대회
- 울산 나눔문화대축제
- 난방연료 지원사업

12
- 정기총회
- 현대자동차 견학
- MBC 사랑의 효 잔치
- 전국재가노인복지대회 참가
- 치매의 날 홍보 참가
- 울산 나눔문화대축제 참가
- 제9회 울산재가노인복지대회
- 저소득 어르신 노후가전 지원
- 재가노인복지시설 안전교육
- 홀몸어르신 생필품 지원

2010's

11
- 정기총회
- 저소득 어르신 난방유 지원
- 재가노인 복지사업 세미나
- 저소득 어르신 침구류 지원
- 치매관련 홍보관 설치
- 제8회 정기 워크숍
- 울산 사회복지대회
- 저소득 어르신 난방유 지원

10
- 정기총회
- MBC 사랑의 효 잔치 실시
- 3박4일 울산재가노인복지협회 해외 선진지역 견학
- 제7회 정기 워크숍
- 저소득노인 온열매트 지원사업

2000's

09
- 정기총회
- MBC 사랑의 효 잔치
- 전국재가노인복지대회
- 이부자리 지원사업 실시(사회복지협의회)
- 제6회 정기 워크숍
- 선진지역 견학 및 광주지회 세미나 참석
- 평가 설명회 및 송년회

08
- 정기총회 및 제3·4회 회장 이·취임식
- 독거 어르신세대 온열장판 지원사업 배분
- 공동모금회 명절맞이 과일배분
- 사랑의 열매와 함께하는 쌀 나누기
- 공동모금 테마기획 빨간내복 지원사업
- 제5회 정기 워크숍

07
- 정기총회
- 실버축제 한마당
- 재가노인복지 선진지역 연수
- 수기「아름다운 동행」출판기념식
- 정기 워크숍
- 내복 지원사업(공동모금회 지원사업)

2000's

06
- 희망의 쌀 나누기
- 정기총회
- 재가어르신 주거환경 개선사업
- 울산재가노인복지협회 워크숍
- 난방주유권 지원사업
- 재가노인복지 향상을 위한 선진지역 시찰 및 연수
- 재가어르신을 위한 겨울나기 지원사업

05
- 재가노인 사진전
- 시설 종사자 전문성 향상을 위한 워크숍
- 겨울나기 난방유 지원 사업
- 따뜻한 국 배달사업

04
- 시설 종사자 전문성 향상을 위한 워크숍

03
- 울산재가노인복지협회 설립

연도별 활동

2014년 10. 24
제11회 울산재가노인복지대회
장소 : 문화뷔페

2014년 3. 12
SK에너지 후원사업 11기관 후원금 전달식
장소 : 울산광역시 노인복지관

2014년 2. 26
제5대 협회장 이·취임식
장소 : 문화뷔페

2013년 4. 16-20
POWER UP, SKILL UP 연수
장소 : 일본 오키나와
내용 : 재가노인복지서비스 체계 강화 및
　　　 직정 향상을 위한 연구사업

경기재가노인복지협회

- 창립일시 : 2005년 7월 1일
- 창립배경 : 주변의 소외된 어르신들을 따뜻하게 보듬어서 보다 편안한 노후를 보낼 수 있도록 재가노인복지 증진에 기여

역대 임원진

제1대 회장 : 권태록 (성남재가노인복지센터 센터장)
제2대 회장 : 정안용 (오산재가노인복지센터 센터장)
제3대 회장 : 김영진 (고양시 소규모노인복지센터 센터장)
제4대 회장 : 김영진 (고양시 소규모노인복지센터 센터장)
제5대 회장 : 김영진 (고양시 소규모노인복지센터 센터장)

현 임원진

- 회장 : 박영순 (사랑노인복지센터 센터장)
- 부회장
  이광석 (only 1 큰소망노인복지센터 센터장)
  이승주 (부천시 경로주간보호센터 센터장)
- 고문
  이순이 (고양노인복지센터 센터장)

정안용 (오산주간보호센터 센터장)
- 이사

  권영순 (평택노인복지센터 센터장)

  김희숙 (성민재가노인복지센터 센터장)

  신재숙 (포천노인복지센터 센터장)

  양만호 (수원재가노인지원서비스센터 센터장)

  이정호 (성남재가노인복지센터 센터장)

  장광규 (대진노인복지센터 센터장)

  전기준 (은빛사랑채 이천시 산하주간보호센터 센터장)

  전용숙 (소사제일치매주간보호센터 센터장)

  한경미 (은빛사랑채 영락노인주간보호센터 센터장)

  한춘일 (산북노인주간보호센터 센터장)
- 감사 : 2명

기타사항

- 기관운영사업(총회, 이사회, 정책회의, TF회의, 기타회의)
- 교육훈련사업(재가노인지원서비스 평가설명회, 평가결과에 따른 컨설팅, 365어르신돌봄서비스 운영매뉴얼 교육, 장기요양기관 평가대비 교육, 한마음워크숍)
- 후원개발사업(올림푸스 장수기원사업 블루리본, 삼성전기 결연후원사업)
- 홍보사업(홈페이지 관리, 월간동향 메일링서비스)
- 기타사업(연계사업)

협회연혁

2010's

15
- 제6대 박영순 회장 추대
- 경기복지거버넌스 구축을 위한 사회복지 직능단체 간담회
- 경기재가노인복지협회 이사회 워크숍 개최
- 경기도 사회복지직능단체 합동 연찬회

14
- 재가장기요양기관 평가대비 교육
- 경기도 재가노인지원서비스센터 평가 설명회 및 평가
- 제5대 김영진 회장 추대(연임)

13
- 제5회 경기도재가노인복지시설 종사자 '한마음워크숍' 개최
- 재가노인지원서비스센터의 역할 재정립 방안 발간(경기복지재단)
- 재가노인복지시설 종사자 사회복지사 보수교육
- 재가노인지원서비스 업무 메뉴얼 설명회 및 회계교육
- 재가노인지원서비스 업무 메뉴얼 발간(경기복지재단)
- 365어르신돌봄센터 효율적 운영을 위한 간담회
- 경기도노인복지 한마음연찬회 개최
- 유사, 중복 노인복지사업 시행의 효율화 방안 발간(경기복지재단)
- 재가노인지원서비스센터 평가 설명회 개최 및 평가

12
- 제4회 경기도재가노인복지시설 종사자 '한마음워크숍' 개최
- 재가노인복지시설 종사자 사회복지사 보수교육(2회)
- 경기도 재가노인지원서비스센터 평가
- 경기도의회 보건복지공보위원 간담회
- 재가장기요양기관 평가 대비 교육
- 제22회 전국재가노인복지대회 개최(주관)
- 재가노인복지시설 종사자 사회복지사 보수교육(2회)

11
- 재가노인지원서비스센터 실태분석 연구발간(경기복지재단)
- 제3회 경기도재가노인복지시설 종사자 '한마음워크숍' 개최
- 365어르신돌봄센터 개소식(현판식) 및 종사자 업무교육
- 제4대 김영진 회장 연임

10
- 제2회 경기도재가노인복지시설 종사자 '한마음워크숍'
- 재가장기요양기관 평가대비 교육

2000's

09	• 제1회 경기도재가노인복지시설 종사자 '한마음워크숍'
08	• 제3대 김영진 회장 취임
05	• 경기재가노인복지협회 창립총회

연도별 활동

2015년~현재
경기재가노인복지협회 웹진제공

내용 : 뉴스레터, 월간동향, 협회소식, 지원
　　　사업 소개 등 회원기관에 정보제공
지원 : 125개 회원기관 홍보 제공

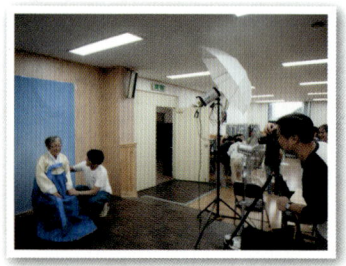

2014년
올림푸스와 함께하는 장수사진 사업

내용 : 장수사진 촬영(메이크업/한복대여 포함)
지원 : 본 협회 회원기관 중
　　　저소득 어르신 1,142명

2014년 9. 24-25
한마음 워크숍

장소 : 블룸비스타(양평군 소재)
주회 : 경기복지재단
주관 : 경기재가노인복지협회
참석자 : 166명(재가 시설 종사자 및 요양보호사)

2014년 3. 26
재가노인지원서비스센터 평가 설명회

장소 : 경기복지재단 3층
내용 : 평가개요, 평가지표, 질의 및 응답
참석자 : 55명(시·군 담당자, 종사자)

2013년~현재
삼성전기 결연후원사업

내용 : 1인 50,000원×174명×12개월
지원 : 1억440만원

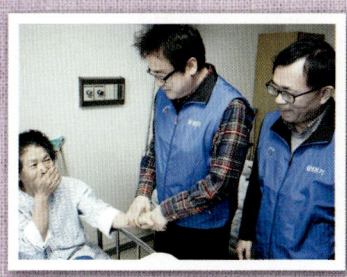

강원재가노인복지협회

- 창립일시 : 2002년 11월 6일
- 창립배경 : 재가노인복지사업을 합리적·발전적으로 운영하기 위한 시범프로그램 개발, 조사연구, 직원연수와 시설간 정보교환 및 친목을 도모함으로 재가노인복지사업 증진에 기여하고자 함

역대 임원진

제1대 회장 : 최윤선 (춘천종합사회복지관 가정봉사원파견센터 센터장)
제2대 회장 : 김성영 (원주제일노인복지센터 센터장)
제3대 회장 : 최상억 (유경노인복지센터 센터장)
제4대 회장 : 박현숙 (명륜노인복지센터 부관장)

현 임원진

- 회장 : 권태광 (효도재가노인지원센터 센터장)
- 부회장 : 김성영 (원주제일노인복지센터 센터장)
- 이사
  박현숙 (명륜노인복지센터 부관장)
  변영혜 (춘천효자노인복지센터 센터장)
  함은희 (고성노인복지센터 센터장)
  박인규 (운교노인복지센터 센터장)

박경희 (햇빛나눔노인복지센터 센터장)

　　　정용국 (행복마을 원장)

- 감사 : 2명

협회연혁

2010's

15	• 정기이사회 • 정기총회
14	• 정기총회 (제5대 권태광 회장) • 제6회 선진지역 연수 (대만-타이페이, 화련등) • 강원재가노인복지협회 종사자 대회 • 강원재가노인복지시설 직원 전문화교육
13	• 강원재가노인복지협회 종사자의 날 (요양보호사 보수교육) • 강원재가노인복지시설 직원 전문화교육
12	• 제5회 선진지역 연수(심천,마카오,홍콩) • 강원재가노인복지협회 종사자 교육
11	• 정기총회 (제4대 박현숙 회장) • 강원재가노인복지시설 직원 전문화교육 및 국내연수
10	• 제4회 선진지역 연수(동경/하코네) • 강원재가노인복지시설 직원 전문화교육 • 임시총회(제3대 잔임 박현숙 회장)

2000's

09	• 강원재가노인복지시설 직원 전문화교육
08	• 정기이사회 • 정기총회(제3대 김성영 회장) • 제3회 선진지역 연수(대만) • 임시총회(제3대 잔임 최상억 회장) • 강원재가노인복지시설 직원 전문화교육
07	• 정기이사회 • 정기총회 • 영동지역 실버축제한마당 • 영서지역 실버축제한마당 • 시설장 간담회 • 강원재가노인복지시설 직원 전문화교육

2000's

06	• 정기이사회 • 정기총회 (제2대 잔임 김성영 회장)
05	• 정기총회 (제2대 최윤선 회장) • 재가시설 종사자 국내연수
04	• 정기총회 • 강원재가노인복지협회 등기 • 선진지역 연수 • 재가시설 간담회 • 재가시설 연찬회 및 전문화교육
03	• 정기총회(제1대 최윤선 회장)
02	• 한국재가노인복지협회 강원지회 설립 발기인 모임 • 강원재가노인복지협회 창립총회

연도별 활동

2014년   11. 12-13
강원재가노인복지시설 직원 전문화교육

장소 : 웰리힐리파크
참석자 : 시설장, 사회복지사 등 80명

2014년   7. 15
강원재가노인복지협회 종사자대회

장소 : 웰리힐리파크
참석자 : 요양보호사 300명

2014년 3. 10-13

직원 해외연수

장소 : 대만(타이페이, 화련)
참석자 : 사회복지사 등 27명

2013년 11. 14

직원 전문화교육

장소 : 호텔 인터불고(원주)
참석자 : 80명

2013년 7. 12

요양보호사 보수교육

장소 : 웰리힐리파크
참석자 : 요양보호사 등 360명

2012년   7. 5

요양보호사 보수교육

장소 : 호텔 인터불고(원주)
참석자 : 요양보호사 등 400명

2012년   2. 15-18

직원 해외연수

장소 : 심천, 마카오, 홍콩

2011년   11. 16-17

직원 전문화교육 및 국내연수

장소 : 현대 성우리조트
내용 : 직원 전문화교육(1일차)
참석자 : 69명

2011년 11. 16-17
직원 전문화교육 및 국내연수

장소 : 현대 성우리조트
내용 : 기관방문(2일차_강남구 노인통합지원센터)
참석자 : 69명

2010년 6. 15-16
직원 전문화교육

장소 : 호텔 인터불고(원주)
참석자 : 69명

2009년 11. 17-18
직원 전문화교육

장소 : 호텔현대 경포대
내용 : 노인장기요양 보험 실시 후 노인복지
환경변화에 따른 정책방향

2008년   11. 14

강원재가노인복지시설 요양보호사 직무교육

장소 : 용평리조트

2008년   7. 17-18

직원 전문화교육

장소 : 용평리조트
내용 : 노인장기요양보호험 시행에 따른 재
　　　 가노인복지시설의 역할

2007년   10. 18-19

직원 전문화교육

장소 : 용평리조트

충북재가노인복지협회

- 창립일시 : 2006년 1월 24일
- 창립배경 : 충청북도 내 재가노인복지사업의 활성화, 전문화와 회원기관의 권익보호

역대 임원진

제1대 회장 : 최정묵 (산남가정봉사원파견센터 센터장)

제2대 회장 : 최정묵 (산남가정봉사원파견센터 센터장)

제3대 회장 : 이수한 (청원노인복지센터 센터장)

제4대 회장 : 이수한 (청원노인복지센터 센터장)

제5대 회장 : 최종일 (청원재가노인지원서비스센터 센터장)

현 임원진

- 회장 : 반영억 (청주상당재가노인지원센터 센터장)
- 부회장 : 김준환 (충청노인복지센터 센터장)
- 이사
  서선미 (우암소규모노인종합센터 센터장)
  남미옥 (충주카리타스노인복지센터 센터장)
  류지숙 (음성군재가노인지원서비스센터 센터장)
- 감사 : 2명

기타사항

충북재가노인복지협회는 충북재가노인의 삶의 질 향상을 위해 설립되었으며, 2006년부터 조직운영사업, 교육훈련사업 등을 진행하였다. 2008년부터 3년간 충청북도로부터 재가노인지원사업 지원을 받아 다양한 서비스를 제공하였으며, 노인장기요양보험제도 실시 후 지역 내 문제점 및 개선방안을 제시하는 토론회, 간담회 등을 실시하여 정책분석을 통한 발전적 비판과 대안을 제시하는 역할을 담당하였다. 이에 2010년 지방선거에서 재가노인복지공약(등급외자 지원, 치매지원등)을 발표하고 공약이행을 점검하였다. 그후 재가노인복지시설의 기능 재정립 및 지역노인복지서비스 전달체계 개편, 재가노인복지시설 사례관리 매뉴얼을 발간함으로써 재가노인복지발전을 위해 노력하였다. 2012년 광역자치단체-기초자치단체-기관과의 민관간담회를 통해 재가노인복지사업의 소통의 장을 마련하였으며, 2013년 제1회 충북재가노인복지대회를 개최하여 요양보호사의 노고에 대한 포상 및 역량강화의 계기를 마련하였다. 또한 2013년에는 충북노인복지시설 연찬회를 진행함으로써 노인인권 및 노인 소득보장에 대한 관점을 가질 수 있는 계기를 마련하였다. 2014년 사회복지공동모금회의 주간보호 기관의 역할 확대와 재가노인복지시설 등급외자 보호 강화를 위한 제안사업에 선정되어 총 10개 기관이 사업을 수행중에 있으며, 지역 내 공모기관으로부터 교육사업에 선정되어 총 5회 실무자 및 요양보호사 교육을 진행하였다. 앞으로도 충북재가노인복지협회는 재가노인복지시설의 발전을 도모하고 재가노인 어르신들의 행복을 위해 더욱 노력할 것이다.

협회연혁

2010's

14
- 재가노인복지시설 사례관리 매뉴얼 충북도청 배포
- 실무자 교육(노무관리 실천적 전략, 총 50명)
- 지방선거 재가노인복지정책 TF팀
- 충북사회복지공동모금회 기획사업 확정(주야간, 재가)
- 노인복지서비스 전달체계 개편 간담회(직능단체 전체)
- 재가노인복지시설 예산(안) 실태조사 실시
- 충북재가노인복지협회 역량강화 교육선정(센터)

13
- 서비스 질의 갈증을 풀다 교육(총 49명)
- 제1회 충북재가노인복지대회(총 250명, 도지사 표창)
- 재가노인복지시설 민관합동 지도점검 및 평가 실시
- 치매·중풍 걱정 없는 충북 실현을 위한 정책자문위원
- 재가노인복지시설 실태조사 결과보고서 발간
- 통합사례관리, 재가노인복지시설 허브화 기능 제안

12
- 충북재가노인복지협회 주간보호 정책 안 제출(충북도청)
- 민관간담회 실시(충북도청, 시군 담당공무원, 기관)

11
- 충청북도 신규사업 보조금 사업 실시(3천만원)
- 재가노인복지시설 기능재정립(안)제출 및 토론회

10
- 충청북도 지원사업 실시(3천만원)

2000's

09
- 노인장기요양보험제도 1주년 평가와 과제 토론회 개최
- 충북 노인복지시설 ceo 연찬회 주최 및 진행

08
- 노인장기요양보험 100분 토론회
- 요양보호사 전문화교육 2회

07
- 종사자 연수(선진지역 견학)

연도별 활동

2014년 9.30

요양보호사 교육

내용 : 역량강화를 위한 실천 예방 교육
참석자 : 150명

2013년 6.29

제1회 충북재가노인복지대회 실시

장소 : 컨벤션센터
내용 : 도지사 표창, 도의회 표창 등
참석자 : 250명(도지사 표창)

2013년 6.29
충북노인복지시설 연찬회

장소 : 컨벤션센터
내용 : 노인인권, 노후소득보장제도 교육
참석자 : 300명

2012년 7.26
협회 실무자 역량강화

내용 : 사례관리 실천 교육
참석자 : 60명

충남재가노인복지협회

- 창립일시 : 2005년 2월 24일
- 창립배경 : 재가노인복지사업을 합리적·발전적으로 운영하기 위한 시범프로그램 개발, 조사연구, 직원연수와 시설간 정보교환 및 친목을 도모함으로 재가노인 복지사업 증진에 기여하고자 함

역대 임원진

제1대 회장 : 김영운 (천안시노인종합복지관 부설 천안노인복지센터 센터장)
제2대 회장 : 류권식 (연기노인복지센터 센터장)
제3대 회장 : 오복경 (죽림노인복지센터 센터장)
제4대 회장 : 오복경 (죽림노인복지센터 센터장)

현 임원진

- 회장 : 김영운 (천안시노인종합복지관 부설 천안노인복지센터 센터장)
- 부회장
  김미경 (동산노인복지센터 센터장)
  손계현 (청양노인복지센터 센터장)
- 운영위원
  김성호 (공주노인복지센터 센터장)
  함정기 (서천노인복지센터 센터장)

강문수 (서산노인복지센터 센터장)
　　윤옥열 (청로노인복지센터 센터장)
• 감사
　　길미숙 (심광노인복지센터 센터장)
　　서제옥 (죽림노인복지센터 센터장)

협회연혁

2010's

15	• 정기총회 • 임시총회 제5대 회장 선출
14	• 정기총회 제4대 회장 선출 • 제4회 요양보호사의날 기념 재가시설종사자 보수교육 실시 • 사회복지사 보수교육 실시 • 충남사회복지공동모금회 기획사업 선정 • 우수직원 및 요양보호사 포상 해외연수(캄보디아/태국 3박 5일) • 제7회 충남재가어르신 실버축제 개최 • 재가사회복지사 역량강화 워크숍(충남사회복지공동모금회 기획사업)
13	• 정기총회 프로포절 작성 교육 • 충남재가노인복지의 발전방향을 위한 세미나 개최 • 제3회 요양보호사의날 기념 재가시설종사자 보수교육 실시 • 사회복지사 보수교육 실시 • 우수직원 및 요양보호사 포상 해외연수(중국-4박 5일) • 제6회 충남재가어르신 실버축제 개최 • 재가노인지원서비스 평가실시 • 재가사회복지사 역량강화 워크숍(충남사회복지공동모금회 기획사업)
12	• 정기총회 • 우수직원 및 요양보호사 포상 해외연수(캄보디아 3박 5일) • 제2회 요양보호사의날 기념 재가시설종사자 보수교육 실시 • 선진지역 기관견학(성남중원노인종합복지관) • 제5회 충남재가어르신 실버축제 개최 • 사회복지사 보수교육 실시
11	• 정기총회 제3대 회장 선출 • 선진지역 기관견학(강남구 노인정보센터) • 재가노인복지시설 종사자 워크숍 개최 • 제4회 충남재가어르신 실버축제 개최 • 사회복지사 보수교육 실시
10	• 정기총회 • 재가노인복지시설 실무자 일본연수 • 중국 질병예방통제센터 대표단 방문 • 세계대백제전 행사 참여 • 제3회 충남재가어르신 실버축제 개최 • 노인장기요양보험 유관기관(재가노인복지협회) 간담회 개최

2000's

09	• 정기총회 • 일본 선진지역 견학 실시
08	• 정기총회 제2대 회장 선출 • 제2회 충남재가어르신 실버축제 개최
07	• 정기총회 • 제1회 충남재가어르신 실버축제 개최
05	• 창립총회 제1대 회장 선출

연도별 활동

2014년 10. 20
제7회 재가어르신 실버축제 한마당

장소 : 충남도청 문예회관
참석자 : 870명

2014년 9. 10-14
제3회 우수직원 및 요양보호사 해외연수

장소 : 캄보디아, 태국
참석자 : 15명

2014년 7. 5
제4회 요양보호사의 날 기념

장소 : 한국불교문화연수원
참석자 : 133명

2013년 12. 6-7
사회복지종사자 역량강화 워크숍
(충남사회복지공동모금회 지원사업)

장소 : 전통불교문화원
참석자 : 35명

2013년 6. 27
충남재가노인복지의 발전방향을 위한 세미나

장소 : 충청남도 공무원교육원
참석자 : 120명
 (재가복지종사자 및 지자체공무원, 학계 전문가)

2012년 7.7
제2회 요양보호사의 날 기념

장소 : 전통불교문화원
참석자 : 242명

2011년 11.11
노인복지시설 사회복지사 보수교육

장소 : 천안시노인종합복지관 대강당
참석자 : 50명

2010년 6.17-20
재가노인복지시설 실무자 일본연수

장소 : 일본 오사카
참석자 : 30명

2009년 11. 26-28

재가노인복지시설 발전방향 및 기능정립을 위한 워크샵

장소 : 제주도
참석자 : 13명

2008년 6. 20

재가어르신 실버축제 한마당

장소 : 연기문화예술회관
참석자 : 1,000명

2007년 9. 6

재가어르신 실버축제 한마당

장소 : 연기문화예술회관
참석자 : 600명

전북재가노인복지협회

- 창립일시 : 2002년 3월 14일
- 창립배경 : 전북지역 재가노인복지사업을 체계적·전문적으로 실천하기 위해 회원 시설간 정보교환 및 권익보호, 재가노인프로그램 공동개발 등 재가노인에게 질 높은 서비스를 제공하기 위함

역대 임원진

제1대 회장 : 최헌일 (사회복지법인 신명복지 대표이사)

제2대 회장 : 김명희 (샬롬노인복지센터 센터장)

제3대 회장 : 김명희 (샬롬노인복지센터 센터장)

제4대 회장 : 박주종 (흰마실 원장)

제5대 회장 : 박주종 (흰마실 원장)

제6대 회장 : 이문수 (진안노인복지센터 센터장)

제7대 회장 : 주상현 (임마누엘노인복지센터 센터장)

현 임원진

- 회장 : 장봉석 (이양재노인종합센터 센터장)
- 수석부회장 : 고강영 (밀알노인복지센터 센터장)
- 부회장
  이상빈 (전주중부노인복지센터 센터장)

조산호 (마한노인복지센터 센터장)

전은실 (보은재가노인통합지원센터 센터장)

박현주 (성공회행복노인복지센터 센터장)

권명자 (순창노인복지센터 센터장)

이경국 (완주노인복지센터 센터장)

- 운영위원

    박강수 (노인사랑노인복지센터 센터장)

    안미숙 (성예노인복지센터 센터장)

    박경란 (김제노인복지센터 센터장)

    오인철 (즐거운집노인복지센터 센터장)

    임성일 (안디옥노인복지센터 센터장)

    황의찬 (엠마오노인복지센터 센터장)

    김윤규 (다사랑노인복지센터 센터장)

- 감사

    박종숙 (전주중앙노인복지센터 센터장)

    김학련 (남전노인복지센터 센터장)

협회연혁

2010's

15
- 전북재가노인복지정책세미나 실시 및 8대 임원 선출 (회장: 장봉석)
- 협회장 이취임식 및 임시총회

14
- 정기총회
- 치매등급 도입에 따른 교육관련 광역치매센터 간담회
- 임시총회 및 재가노인복지시설 서비스 및 운영지침 교육
- 전주효사랑요양병원과 업무협약
- 재가노인복지서비스 운영매뉴얼(전북) 제작
- 선진사례 탐방
- 전북재가노인복지주간 선포식 및 제11회 효도큰잔치
- 전북재가노인복지주간 홍보캠페인 실시
- 사회복지사 보수교육 실시
- 재가노인복지시설, 데이케어센터 점검 및 평가
- 전북재가노인복지시설 종사자 세미나

13
- 7대 임원선출(회장: 주상현)
- 제10회 재가노인초청효도큰잔치
- 요양보호사 역량강화 1차 교육
- 요양보호사 역량강화 2차 교육
- 전북재가노인복지시설 종사자 대회 개최

12
- 전북재가노인복지협회 10주년 기념행사
- 제9회 전북재가노인초청 효도큰잔치 개최
- 종합재가분과 세미나
- 제22차 전국재가노인복지대회
- 전북재가노인복지시설 종사자 세미나

11
- 6대 임원선출(회장: 이문수)
- 한국산업안전보건공단 전북지도원 간담회
- 제8회 전북재가노인초청 효도큰잔치
- 전북데이케어 활성방안을 위한 전라북도지사 간담회
- 정동영 前의장 특별강연 및 재가노인 등외자 관리방안 간담회
- 방문요양 실태조사(현장평가)
- 한국재가노인복지협회의 제21차 전국재가노인복지대회
- 전북재가노인복지시설 종사자 워크숍 개최

2010's

10
- 전라북도 도지사 간담회
- 제7회 전북재가노인초청 효도큰잔치
- 종사자 해외연수
- 도의회 환경복지위원 간담회
- 한국산업안전공단 전북지부와 MOU 체결
- 전북재가노인복지시설 종사자 세미나

2000's

09
- 5대 임원선출(회장: 박주종)
- 전북재가노인복지시설 시설장 노무관리교육
- 전재협 종사자 해외연수

08
- 재가노인복지시설종사자 등급판정 실무교육
- 종사자 세미나
- 제6회 전북재가노인초청 효도큰잔치
- 장기요양기관과 재가복지시설의 효율적 운영방안 세미나
- 재가노인복지시설에 관한 토론회(도청 대강당 2층 세미나실)

07
- 4대 임원선출(회장: 박주종)
- 실버축제
- 제5회 전북재가노인초청 효도큰잔치

06
- 노인일자리사업 "노노케어(복지형)" 실시
- 재가노인복지서비스 매뉴얼 교재 발간(1000부)
- 재가노인복지시설 직원 전문화 교육
- 신규가입시설 교육
- 유급가정봉사원 보수교육
- 제16차 전국재가노인복지대회
- 제4회 전북재가노인초청 효도큰잔치·제1회 노인건강축제
- 전북재가노인복지시설 종사자 세미나(도청 4층 회의실)
- 제 10회 재가노인복지 봉사원의 날

05
- 3대 임원선출(회장: 김명희, 부회장: 남궁단, 박문자)
- 제3회 전북재가노인초청 효도큰잔치
- 홀로 사는 독거노인 결연 홍보사업 실시
- 한국재가노인복지협회 이사회(명예회장, 고문추대) 및 노인요양보험 기반조성을 위한 정책간담회 실시
- 전북재가노인복지시설 종사자 세미나 실시

2000's

04
- 2대 임원선출(회장: 김명희, 부회장: 남궁단, 박문자)
- 전북지회 분사무소 법인등록 및 사업자등록(전북재가노인복지협회)
- 전주시 빈곤퇴치 운동 일환으로 로또공익재단 지원사업
- 노인복지시설 종사자 및 공무원 워크숍
- 제1회 전북재가노인복지시설 종사자 단합대회(등반대회)

02
- 한국재가노인복지협회 전북지회 정관 및 운영규정 1대 임원선출(회장: 최현일)
- 한국재가노인복지협회 전북지회 발족
- 제1회 전북재가노인초청 효도큰잔치

연도별 활동

2015년 3. 12

전북재가노인복지협회장 이·취임식

장소 : 국립전주박물관 강당

2015년 1. 29

재가노인복지 정책세미나

장소 : 중부비전센터 2층, 글로리아홀

2014년 9. 26

사회복지사 보수교육

장소 : 전주시온성교회

2014년 9. 25

홍보캠페인
"노인복지사각지대 ZERO 전북"

장소 : 전북 12개 지역

2014년 9. 23

제11회 효도큰잔치

장소 : 부안스포츠파크실내체육관

2013년 8. 20-21
요양보호사 역량강화 프로그램
장소 : 지리산남원 켄싱턴리조트

2012년 4. 26
전북사회복지협의회장배 체육대회
장소 : 김제시민운동장 및 인조잔디축구장

2012년 4. 6
협회 10주년 기념행사 및 체육대회
장소 : 전라북도장애인종합복지관

2011년 7. 28

**정동영 前의장 특별강연 및
등외자간담회**

장소 : 전주대 스타센터 온누리홀

2011년 5. 17

한국산업안전보건공단 전북지도원 간담회

장소 : 썬플라워 웨딩홀

2010년 11. 12

산업재해 예방을 위한 MOU체결

장소 : 전주중부노인복지센터

2010년 7. 23
도의회 환경복지위원 간담회

장소 : 전라북도의회 환경복지위원회실

2010년 3. 22
전라북도지사 간담회

장소 : 사과나무재가노인복지센터

2009년 11. 17-18
종사자 세미나

장소 : 대명리조트 변산

2009년 6. 23-26
종사자 해외 연수

장소 : 일본 오사카, 고베지역 일원

2008년 10. 28
재가노인초청 효도큰잔치

장소 : 전주화산체육관

2008년 3. 19
종사자 등급판정 실무교육

장소 : 전주시 자원봉사종합센터

2007년 12. 5-7
노-노케어 전문인력 양성교육

장소 : 전주시자원봉사센터

2007년 7. 5
실버축제 한마당

장소 : 임실군 청소년수련원(관촌면)

2006년 6. 12-13
전국재가노인복지대회

장소 : 무주리조트 티롤호텔

2005년 7. 11
노인요양보험 기반조성을 위한 정책간담회

장소 : 전북도청 중회의실

2005년 5. 20
제3회 전북재가노인초청 효도큰잔치

장소 : 임실군민회관

2004년 11. 24-25
노인복지시설 종사자 및 공무원 워크숍

장소 : 남원 한국콘도

2004년 11. 5
제1회 재가노인복지시설종사자 등반대회
장소 : 모악산 도립공원

2002년 9. 24
제1회 전북재가노인초청 효도큰잔치
장소 : 전주 화산체육관

2002년 3. 14
전북지회 발족식
장소 : 전주임페리얼 웨딩홀1층

전남재가노인복지협회

- 창립일시 : 2004년 3월 30일
- 창립배경 : 재가노인복지사업을 합리적이고 발전적으로 운영하기 위한 시범프로그램의 개발, 조사연구, 직원연수와 시설 상호간의 정보교환 및 친목을 도모함으로써 재가노인복지증진에 기여함을 목적으로 전남지회를 둔다.

역대 임원진

제1대 회장 : 임봉춘
제2대 회장 : 박상하
제3대 회장 : 이기목
제4대 회장 : 조원식
제5대 회장 : 박광훈

현 임원진

- 회장 : 강경희 (화순노인복지센터 센터장)
- 부회장 : 모상후 (주안노인복지센터 센터장)
- 이사
  김정오 (순천린제 노인복지센터 센터장)
  이기만 (우리마을노인복지센터 센터장)
  정현주 (프란치스꼬의집 노인복지센터 센터장)

   이헌기 (난원홍농노인복지센터 센터장)

   문창부 (북교동재가노인복지센터 센터장)

   사숙경 (강진노인복지센터 센터장)

   최재영 (심청노인복지센터 센터장)

- 고문 : 조원식 (진도재가노인복지센터 센터장)
- 감사 : 2명

협회연혁

2010's

15	• 어버이의날 행사 '전남 재가어르신들과 함께하는 아름다운 세상'
14	• 재가급여평가교육 • 5등급 치매특별등급 프로그램 및 운영규정
13	• 재가장기요양기관 종사자 직무교육
12	• 전라남도 사회복지기금 • 세대공감을 통한 "孝" 프로그램 연구보고서
11	• 협회 회원시설 기관방문 및 단합대회
10	• 강경희 회장 취임 • 재가장기요양기관 종사자 직무교육

2000's

09	• 박광훈 회장 취임
07	• 조원식 회장 취임
06	• 이기목 회장 취임 • 전남재가노인복지시설 종사자 전문화교육 • 선진시설 견학
05	• 박상하 회장 취임
04	• 전남재가노인복지협회 창립 • 초대회장 임봉춘 취임

연도별 활동

2015년
전남재가어르신들과 함께하는 아름다운 세상

2015년
전남재가어르신들과 함께하는 아름다운 세상

경북재가노인복지협회

- 창립일시 : 2005년 4월 27일
- 창립배경 : 재가노인 발전을 위한 지식, 기술 등 각종 정보교환을 통해 지역사회 노인의 복지를 증진하고 회원권익을 도모하며, 재가복지사업 전문성 제고를 통한 서비스의 질 향상

역대 임원진

제1대 회장 : 김정표 (예천재가노인지원서비스센터 소장)

제2대 회장 : 신현목 (구미재가노인지원서비스센터 소장)

제3대 회장 : 남정홍 (안동재가노인지원센터 소장)

제4대 회장 : 박현민 (군위노인복지센터 소장)

제5대 회장 : 박현민 (군위노인복지센터 소장)

현 임원진

- 회장 : 박현민 (군위노인복지센터 센터장)
- 부회장
  황명구 (경산시재가노인지원센터 센터장)
  전소영 (하나노인복지센터 센터장)
- 이사
  남주형 (의성노인복지센터 센터장)

　　　　이동호 (상주재가노인지원서비스센터 센터장)
　　　　이형철 (안동재가노인지원센터 센터장)
　　　　전화진 (김천노인복지센터 센터장)
　　　　안은영 (좋은이웃노인복지센터 센터장)
　　　　오예진 (경천소규모요양시설원 센터장)
- 감사 : 2명

기타사항

　　경북재가노인복지협회는 지역내 재가노인복지시설의 균형적인 발전 및 운영 내실화를 위한 지식, 기술 등 각종 정보를 교환하여 저소득층 및 지역사회 노인의 복지를 증진하고, 회원권익을 도모하며 재가노인복지사업에 대한 전문성을 높여 서비스의 질 향상 및 지역사회의 인식 고취를 위해 2005년 4월 27일 김정표 회장을 초대회장으로 선출하여 현재 5대 박현민 회장이 역임하고 있다.

　　본 협회는 20011년부터 3년간 경북사회복지공동모금회와 기획사업을 추진하여 재가노인 맞춤서비스지원사업을 시행하여 재가노인 어르신들에게 유급봉사자파견, 밑반찬지원, 방역서비스, 방문물리치료, 세탁서비스 등 종합적인 재가노인지원서비스를 제공함으로써 어르신들의 영양관리, 기초체력향상, 개인위생 청결·유지 등 어르신의 삶의 질 향상을 위해 노력해왔다.
　　또한 공동모금회와 연계하여 소화기 및 화재감지 단독형경보기 보급사업을 실시하여 어르신들의 화재예방을 위해 애쓰고 있다.

2013년부터는 경상북도와 함께 홀로 계신 재가어르신 나들이, 공연관람 등의 기회 제공 및 경북도민들의 재가노인에 대한 이해와 홍보를 위해 청춘두드림 한마당을 개최하고 있다.

이 행사를 통해 지역사회가 재가노인복지서비스에 대한 필요성을 인식하고 적극 참여하도록 유도함으로써, 재가노인들이 행복한 삶을 영위할 수 있는 기반을 마련할 수 있는 계기가 되었다.

경상북도는 농어촌지역이 많기 때문에 재가노인의 안전한 보호에 관한 사회적 필요가 크고 본 협회를 중심으로 한 재가노인지원서비스의 질적인 수준을 확보하기 위해 협회 중심의 시설 평가를 실시하게 되었다. 이것은 정부가 주도한 1997년의 시설 평가 이후 16년만에 처음 추진된 민간 네트워크기관(협회) 중심의 자체 시설 평가이며, 협회가 자발적으로 소속 회원기관들의 서비스 수준을 일정 수준 이상으로 높여 서비스의 질적 수준과 기관의 신뢰성을 확보하려는 시도이다.

이에 따라 도내 재가노인지원서비스센터 평가를 통해 센터가 추구해야 할 운영 방향성을 확인하는 타당한 평가지표를 개발하고 직접적으로 도내 기관에 적용하고 운영 개선방안을 도출해 내고 있다. 이것은 재가노인지원서비스 운영의 적정성 및 신뢰성을 확보하고 서비스 효과성과 예산지원의 효율성을 향상시키는 중요한 기초자료가 되고 있다.

이처럼 본 협회는 매년 직무교육 및 자체평가, 외부자원연계를 통해 회원기관의 전문성 향상을 위해 노력하고 있으며, 이는 경상북도 재가어르신들의 복지를 향상시키는 초석이 될 것이다.

협회연혁

2010's

14
- 제5대 경북 지회장 박현민 군위노인복지센터장 선출(3년)
- 재가어르신 청춘두드림행사
- 경상북도 치매노인 보건 복지서비스 개선방안 심포지엄 공동주최

13
- 재가어르신 청춘두드림한마당
- 재가노인지원서비스 자체평가(7.1~7.12)
- 제4대 경북 지회장 박현민 군위노인복지센터장 선출(1년)
- 경북소방본부와 【미리알리오】 업무협약

12
- 남부지방 산림청과 그린실버 협약식 체결
- 경북재가노인복지협회 상,하반기 직무교육
- 주야간보호서비스 시설장 간담회
- 소화기 및 경보기 지원사업 실시(경북모금회 지원)

11
- 협회 선진시설 견학 (경기도)
- 경북재가노인복지협회 임시총회
- 제3대 남정홍 회장 선출(안동재가노인지원센터 소장)
- 경상북도재가노인복지협회 해외 연수

10
- 경북재가노인복지협회 워크숍(1박 2일)
- 시설장 워크샵

2000's

09
- 선진지역 노인복지시설 견학 연수

08
- 제2대 신현목 회장 취임(구미노인복지센터 소장)
- 춘계 경북재가노인복지협회 종사자연수

07
- 춘계 경북재가노인복지협회 종사자연수
- 추계 경북재가노인복지협회 종사자연수
- 1인 시위 규탄대회(지회장 외 10명)참석

06
- 춘계 경북재가노인복지협회 종사자연수
- 추계 경북재가노인복지협회 종사자연수

05
- 한국재가노인복지협회 경북지회 창립총회 개최
  (초대회장 김정표 회장 선출_예천가정봉사원파견센터 소장)

Chapter 5 지회 활동

연도별 활동

2014년 12. 12
경북 치매노인보건복지서비스 개선방안 심포지엄 공동주최

장소 : 금오산호텔
내용 : 치매노인보건복지 개선방안 토론

2014년 10. 18
경북재가노인복지협회 워크숍

장소 : 백송관광호텔
내용 : 기념식, 직무교육, 회원시설 친목

2014년 9. 25
재가어르신 청춘두드림 한마당
장소 : 구미박정희체육관
내용 : 기념식, 축하공연 및 장기자랑, 중식,
       사업홍보부스 운영

2014년 7. 1-3
종사자 국내연수
장소 : 제주도
내용 : 종사자 사기진작

2014년 6. 1-14
재가노인지원서비스 자체평가
장소 : 각 회원시설
내용 : 평가지표에 의한 회원시설 평가

2013년   11. 14

경북재가노인복지협회 홍보대사 위촉

장소 : 경주 KT수련관
내용 : 기웅아재, 단비(TBC 싱싱고향별곡 진행자)

2013년   11. 14

미리알리오 업무협약

장소 : 경주 KT수련관
내용 : 명예 119요원 위촉(경북소방본부와 협약)

2013년   8. 31~9. 8

종사자 해외연수

장소 : 터키
내용 : 선진지역 견학, 종사자 사기진작

2013년 6. 12
2013 재가어르신 청춘두드림 한마당

장소 : 구미박정희체육관
내용 : 기념식, 축하공연 및 장기자랑, 중식,
    사업홍보부스 운영

경남재가노인복지협회

- 창립일시 : 2005년 3월 28일
- 창립배경 : 시설 상호간의 정보교환과 친목을 도모하여 재가노인의 복지증진에 기여하고자 함

역대 임원진

제1대 회장 : 강외숙 (사회복지법인 동진 대표이사)

제2대 회장 : 강외숙 (사회복지법인 동진 대표이사)

제3대 회장 : 이무기 (진주은혜요양원 원장)

제4대 회장 : 정선남 (의령노인통합지원센터 센터장)

제5대 회장 : 정선남 (의령노인통합지원센터 센터장)

현 임원진

- 회장 : 정선남 (의령노인통합지원센터 센터장)
- 부회장

  김선옥 (나누리노인통합지원센터 센터장)

  김영목 (창원노인통합지원센터 센터장)
- 총무 : 정미향 (고성노인통합지원센터 센터장)
- 권역장

  정진석 (이레노인종합재가센터 센터장)

　　　　김은희 (성로재가노인복지센터 센터장)
　　　　조재판 (김해시동부노인통합지원센터 센터장)
　　　　김분연 (한우리노인통합지원센터 센터장)
• 감사
　　　　정미숙 (한양노인통합지원센터 센터장)
　　　　이희목 (합천노인복지센터 센터장)

기타사항

　　경남재가노인복지협회는 복지사각지대 예방과 중복서비스 방지에 주력하며 경남에 거주 중인 노인 40만명을 재가노인복지시설 50곳에서 8천명 단위로 구획하여 한 시설에서 약 1% 정도의 취약 노인을 지속적으로 사례관리 하고 있다.
　　특히 각 기관에서 서비스를 받고 있는 대상자가 아니더라도 기관 주변에 살고 있는 노인들의 긴급·응급상황에 대처하고 있으며, 이러한 사례들을 취약노인 사례관리 전산프로그램을 통해 지방자치단체와 광역단체, 협회가 함께 정량화, 통계화하여 새로운 정책 입안과 재가노인 사례관리시스템 구축에 총력을 기울이고 있다.

협회연혁

2010's

년도	내용
15	• 제6대 정선남 회장 취임
14	• 제24회 전국재가노인복지대회 주관(거제) • 재가노인복지 종사자 해외연수(타이페이) • 워크숍(함양 이레노인종합재가센터, 서암정사) • 통합관리프로그램 사용 실시
13	• 제5대 정선남 회장 취임 • 제9회 세미나 실시(의령) • 재가노인복지 종사자 해외연수(캄보디아 씨엠립) • 통합관리프로그램 자체 개발(전국 최초) • 평가계획 및 평가지표 수립(경남 자체) • 재가노인복지시설 사업안내 발간(경남 자체)
12	• 제8회 세미나 실시(창녕) • 재가노인복지 종사자 해외연수(태국 방콕) • 워크숍(광주 빛고을노인건강타운, 전남 강천산) • 공동모금회 프로그램개발사업 공모 선정
11	• 제4대 정선남 회장 취임 • 제7회 세미나 실시(삼천포) • 재가노인복지 종사자 해외연수(중국 북경)
10	• 일본 사회복지시설 견학 • 제6회 세미나 실시(마산)

2000's

년도	내용
09	• 제3대 이무기 회장 취임 • 회원시설 종사자교육 실시 • 제5회 세미나 실시(충무)
08	• 회원시설 종사자교육 실시 • 노인복지정책 설명회 • 제4회 세미나 실시(창녕)

2000's

07
- 제2대 강외숙 회장 취임
- 일본 사회복지시설 견학
- 제3회 세미나 실시(창녕)
- 실버축제한마당

06
- 사회복지시설 견학(효도마을)
- 제2회 세미나 실시(창녕)

05
- 경남재가노인복지협회 창립
- 초대회장 강외숙 취임
- 일본 사회복지시설 견학
- 제1회 세미나 실시(창녕)

연도별 활동

2014년   6. 19-20
전국재가노인복지대회

장소 : 거제 대명리조트
참석자 : 375명(전국시설)

2013년
통합관리 프로그램

내용 : 프로그램 홈페이지, 평가계획 및 평가
지표, 사업안내 책자 등

2012년 9. 12-16
종사자 해외연수

장소 : 태국 방콕, 파타야
내용 : 우수 종사자 연수
참석자 : 39명

2011년 1. 25
경남재가노인복지협회 정기총회

장소 : 창원 성산아트뷔페
내용 : 제4대 정선남 회장 취임

제주재가노인복지협회

- 창립일시 : 2005년 1월 20일
- 창립배경 : 제주 재가노인복지시설의 합리적인 운영관리와 복지향상을 위하여 제반 사항을 지원하고 시설간의 유대를 강화하고 정부시책에 부응하여 복지사회건설의 일익을 담당함을 창립배경으로 한다.

역대 임원진

제1대 회장 : 고치환 (제주특별자치도 사회복지협의회 회장)
제2대 회장 : 김성산 (남제주요양원 원장)

현 임원진

- 회장 : 김옥희 (성안노인복지센터 센터장)
- 부회장 : 이성덕 (제광원 소규모요양시설 센터장)
- 이사
  고정임 (남제주 재가복지센터 센터장)
  김명혜 (동제주 노인복지센터 센터장)
  한영희 (주사랑 소규모요양원 원장)
  한애정 (은빛마을 노인복지센터 센터장)
  오은숙 (평안재가노인복지센터 센터장)
  송옥희 (예담노인복지센터 센터장)

감사 : 2명

사무국장 : 부재옥 (동광노인복지센터 센터장)

기획정책위원 : 4명

교육연수위원 : 4명

홍보섭외위원 : 4명

기타사항

　　제주재가노인복지협회는 정신적·신체적인 이유로 일상생활이 어려운 노인 및 부양 가족에게 필요한 각종 서비스를 제공하여 노인이 자신의 생활터전에서 가족·친지들과 함께 건강하고 안정적인 노후생활을 영위할 수 있도록 돕고 있다. 노인 부양으로 인한 가족의 부담을 덜어주기 위해 노력하는 협회 회원시설들의 합리적인 운영관리와 복지증진을 위해 제반사항을 지원한다. 시설간 유대를 강화하고 현장에서 애쓰는 요양보호사와 직원들의 역량을 강화하고 서비스 향상을 위해 매년 직원교육을 실시하고 있다. 또한 시설장 및 실무자의 견문을 넓히고 교류활동 증진을 위해 필요할 경우 선진지역을 견학하고, 매년 직원 송년의 밤 행사를 통해 협회 회원들이 단합하고, 업무 스트레스를 해소하여 보다 효율적이고 합리적인 서비스를 제공할수 있도록 노력하고 있다.

협회연혁

2010's

14	• 직원 전문화교육 실시 • 실무자 시설견학 실시 • 직원 송년의밤 행사 실시
13	• 제3대 김옥희 회장 취임
10	• 연합직원교육 실시 • 송년의밤 행사 실시

2000's

09	• 제2대 김성산 회장 취임 • 제주도 재가노인복지시설 직원 연수회 실시
08	• 제4회 제주도 재가노인복지시설 직원 연합연수회
05	• 재주재가노인복지협회(초대회장 고치환 취임)

연도별 활동

2014년 11. 20~22

제주재가노인복지협회 송년의 밤

장소 : 제주성안교회 이기풍 기념홀
효과 : 재가노인시설 협회회원 단합과 직원 상호간의 친목, 업무 스트레스 해소

2014년 11. 20~22

실무자 시설견학

장소 : 한국재가노인복지협회 경남지회 및 남해안 일대
효과 : 모범적인 지회를 견학함으로써 실무자의 견문을 넓히고 근무의욕을 고취시키며, 실무자간 상호교류를 진작시킴

재가노인복지 전문가 양성을 위한 필독서 & DVD

노인연구 정보센터

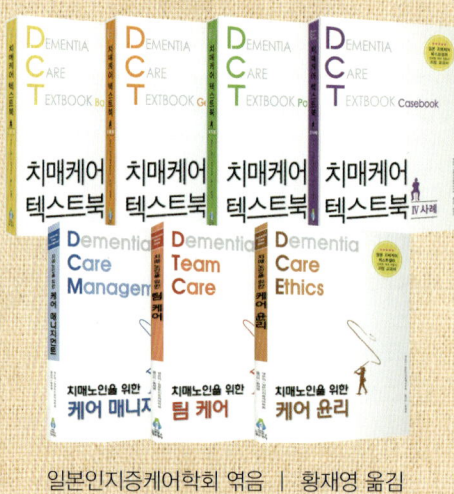

**일본 인지증케어전문사 지정 교과서
치매케어 텍스트북 시리즈**

전문가 50인이 집필한 치매케어의 바이블

- I. **기초** 케어자를 위한 치매지식 길라잡이
- II. **총론** 치매케어의 숲을 본다
- III. **각론** 치매케어의 전문지식을 익힌다
- IV. **사례** 풍부한 케어 사례를 통한 간접 경험
- V. **케어 매니지먼트** 삶의 질을 매니지먼트하라!
- VI. **팀 케어** 성공적인 케어를 위한 팀워크!
- VII. **케어 윤리** 올바른 윤리가 케어의 질을 높인다!

일본인지증케어학회 엮음 | 황재영 옮김

❖ **케어 매니지먼트 시리즈**

케어 매니지먼트 원론
오카다 신이치 지음
264p | 18,000원

시설 케어플랜
시라사와 마사카즈 지음
236p | 18,000원

케어 매니저 양성 텍스트북
시라사와 마사카즈 지음
320p | 18,000원

❖ 올바른 치매 상식 시리즈

그림으로보는 치매이야기

오오쿠니 미치코 글 | 홍수미 그림
176쪽 | 12,000원

치매케어 상식 100가지

사이토 마사히코 지음
192쪽 | 16,000원

치매노인의 심리증상과 케어

고바야시 토시코·후쿠나가 토모코 지음
292쪽 | 18,000원

❖ 치매케어 환경 만들기 시리즈

남부 스웨덴 그룹 홈 답사기

오오하라 가즈오키·오베 올른드 공저
128쪽 | 17,000원

치매케어 주거환경 사전

일본건축학회 엮음
344쪽 | 28,000원

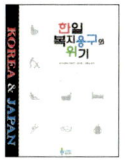

한일 복지용구의 위기

히가시하타 히로코·김도훈·신중일 지음
272쪽 | 16,000원

실버그림교실

1 식물과 동물
2 전통문화와 풍속
3 한국화와 세계명화

전희성 그림 | 이진아 구성
96p | 1, 2권 : 8,500원, 3권 : 9,500원

❖ 치매 활동 프로그램

실버음악교실

김지연 지음 | 정소영 구성
200p | 16,000원

약 없이 치료하는 치매

후카츠 아키라·사이토 마사히코 편저
384p | 28,000원

외상 후 통증을 없애는 스트레칭

양해선 지음
89p | 10,000원

치매예방 워크북, 자두

팀인터페이스 엮음
165p | 9,700원

치매예방게임 쓰리-A

다카바야시 미유키 지음
120p | 12,000원

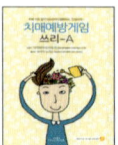

❖ 미술 활동 프로그램

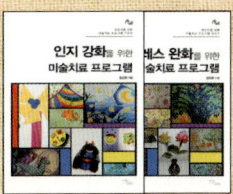

인지 강화를 위한 미술치료 프로그램
스트레스 완화를 위한 미술치료 프로그램

김선현 지음
253p | 각 23,000원

❖ 치매케어의 실제 & 제도

퍼슨 센터드 케어

오오쿠니 미치코 글 | 홍수미 그림
255p | 16,000원

치매의 이해와 가족지원

카토 신지·야부키 토모야 편저
128p | 8,000원

치매케어를 위한 **약물 가이드 북**

스와 사유리 지음
96p | 8,000원

유산·유품 정리사 들여다보기

장봉석 지음
244p | 18,000원

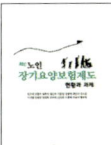

최신 **노인 장기요양보험제도** 현황과 과제

선우덕 외 15인 지음
296p | 18,000원

❖ 영상으로 배우는 교육 DVD 시리즈

쉽고 편한 이동케어

김지영·노건우 지음
40mins | 23,000원

경관영양

일본노인간호학회 제작
40mins | 20,000원

구강흡인

일본노인간호학회 제작
36mins | 20,000원

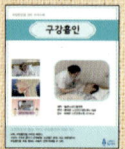

누구를 위해 무엇을 위해

한국치매가족협회
25mins | 20,000원

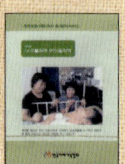

나는 홈 헬퍼입니다

한국치매가족협회
30mins | 20,000원

의치 분실로 배운다

한국치매가족협회
28mins | 20,000원

위기의 순간을 그대로 방치하지 않는다

한국치매가족협회
29mins | 20,000원